CHE GUEVARA

OLIVIER BESANCENOT
MICHAEL LÖWY

CHE GUEVARA
Uma chama que continua ardendo

Maria Leonor Loureiro

editora
unesp

Fundação Editora da UNESP (FEU)
Praça da Sé, 108
01001-900 – São Paulo – SP
Tel.: (0xx11) 3242-7171
Fax: (0xx11) 3242-7172
www.editoraunesp.com.br
feu@editora.unesp.br

CIP – Brasil. Catalogação na fonte
Sindicato Nacional dos Editores de Livros, RJ

B465c
Besancenot, Olivier, 1974-
Che Guevara: uma chama que continua ardendo/Olivier Besancenot, Michael Löwy; tradução Maria Leonor Loureiro. – São Paulo: Editora UNESP, 2009.
156p.

Tradução de: Che Guevara: une braise que brûle encore
Inclui bibliografia e cronologia
ISBN 978-85-7139-922-8

1. Guevara, Ernesto, 1928-1967 – Visão política e social. 2. Guevara, Ernesto, 1928-1967 – Influências. 3. Revoluções – Filosofia. 4. Socialismo. 5. América Latina – Política e governo – 1948-. I. Löwy, Michael, 1938-. II. Título.

09-2130.
CDD: 920.932242
CDU: 929:323.22

Editora afiliada:

Asociación de Editoriales Universitarias de América Latina y el Caribe

Associação Brasileira de Editoras Universitárias

SUMÁRIO

INTRODUÇÃO

Ernesto Guevara de La Serna, médico argentino que se tornou ministro da Indústria em Cuba, caiu combatendo a ditadura militar na Bolívia, em 8 de outubro de 1967. Já existe um bom número de biografias sobre a vida do Che. Quanto a nós, escolhemos abordar idéias, valores, análises, propostas, os sonhos do homem. Era certamente um combatente que manejava com a mesma facilidade a pena e o fuzil: mas por qual causa lutava? Como concebia a luta dos povos da América Latina e do mundo inteiro por sua libertação? Que imagem tinha do socialismo, do "homem novo", da sociedade enfim emancipada do pesadelo capitalista? Eis as questões que nos ocupam neste livro, sem termos a pretensão de dar *a* resposta.

Ernesto "Che" Guevara não era um santo, nem um super-homem, nem um chefe infalível: era um homem como os outros, com suas forças e fraquezas, sua lucidez e sua cegueira, seus erros e inabilidades. Mas tinha esta qualidade rara nos atores da cena política: coerência entre as palavras e os atos, as idéias e as práticas, o pensamento e a ação. Desse ponto de vista, era excepcional, e essa singularidade é em grande parte responsável pela atração que exerce, ainda hoje, sobre inúmeras pessoas – sobretudo jovens – no mundo todo.

Adversário irreconciliável do imperialismo – máquina de esmagar os povos – e do capitalismo – sistema intrinsecamente perverso –, Guevara era um revolucionário marxista. Seu marxismo, fruto de leituras um pouco improvisadas, de seus encontros e da experiência, não se deixa encerrar em nenhuma das gavetas habituais. A partir da década de 1950, não cessou de aprofundar sua reflexão política, de desenvolver uma abordagem que lhe era própria, à qual puseram fim prematuramente os assassinos da ditadura boliviana. Vamos tentar apreender o movimento, a evolução de seu pensamento político.

Nós, os autores deste livro, pertencemos a duas gerações distintas e temos leituras, interpretações, abordagens diferentes da obra do Che; mas nossos procedimentos, longe de serem contraditórios, revelaram-se compatíveis, complementares e convergentes. O resultado de nosso trabalho não é um "manual de guevarismo", nem uma sistematização imaginária de uma obra pouco sistemática, em constante mudança. Antes de tudo é um ensaio, uma tentativa de pôr em evidência a contribuição de Ernesto "Che" Guevara para o socialismo do século XXI.

Não lançamos um olhar nostálgico ao pensamento de Che. Ao contrário, revisitar suas idéias, quarenta anos depois de sua morte, permite apreender sua atualidade candente para o trabalho de renovação marxista e de refundação cultural e política, dirigido por aqueles que não renunciaram a construir uma alternativa ao capitalismo.

É certo que o mundo no qual evoluímos já não tem aparentemente muita coisa em comum com aquele anterior a 1967. Em 1989, caiu o Muro de Berlim, fato que marcou o início de uma nova era. Longe de se traduzir pelo advento de um socialismo de feições humanas, a tão esperada derrubada da URSS e de seus "países irmãos" desembocou, por fim, no estabelecimento de um capitalismo selvagem. A Guerra Fria cedeu lugar a guerras quentes e guerras pelo petróleo, à imagem dos dois conflitos conduzidos pelos Estados Unidos no Iraque durante quinze anos. Leste e Oeste não se medem mais frontalmente e reconciliaram-se à custa dos países do Sul, sob o olhar aprovador do deus dólar. Outros muros se levantaram então: dos contornos israelenses na Palestina até a proximidade dos Estados Unidos e da Europa, que se tornaram fortalezas imperiais pilhando no Terceiro Mundo riquezas das quais não se pensa compartilhar a menor migalha. Em suma, o planeta foi submetido ao domínio total da economia de mercado feroz e brutal.

Desde 1990, o capitalismo, celebrado pelos apóstolos do pensamento único, é apresentado como o horizonte intransponível da humanidade e o último limiar da história. Todas as correntes políticas que ousaram enfrentá-lo foram consideradas suspeitas de "totalitarismo" potencial, mesmo que tivessem denunciado, muito antes dos ideólogos do neoliberalismo, os estragos totalitários do stalinismo. Foram assim condenadas a carregar, como um fardo eterno, o terrível saldo de um sistema ditatorial e mortífero que haviam, entretanto, asperamente combatido à custa de tantos sacrifícios e de vidas esmagadas nos expurgos e *gulagui*. Guevaristas, trotskistas, libertários, sindicalistas revolucionários, terceiro-mundistas radicais, comunistas anti-stalinistas foram todos mandados então para o banco dos réus, perante os promotores do capitalismo "realmente existente", no grande processo do comunismo. Processo que colocou lado a lado algozes e vítimas, revolucionários e contra-revolucionários. Não estar de acordo com o capitalismo era um crime em si.

E depois o capitalismo contemporâneo viu aparecer, muito a contragosto, um novo antídoto para seu próprio veneno. Pois, em seu cortejo de miséria, de fome, de exploração, de guerras e catástrofes ambientais, a globalização capitalista suscitou novas resistências e, de fato, novas esperanças. Foi no coração dessa outra América e na trilha balizada pelos combates do Che que voltou a brilhar a estrela da aventura humana. Ela ia cintilar mais fortemente, pois a noite na época era particularmente escura. Em 1º de janeiro de 1994, no Sudeste mexicano, em Chiapas, camponeses zapatistas pegaram em armas para dizer "*Ya basta!*" à nova ordem mundial. Em dezembro de 1995, na França, a primeira grande revolta contra o neoliberalismo anunciava a renovação das lutas sociais.

Desde essa época, uma palavra de ordem não pára de ressoar: "Um outro mundo é possível!". Esse grito de urgência lançado pelos povos foi ouvido durante greves gerais na Europa e na Ásia, brotou dos movimentos insurrecionais da América Latina, na Venezuela, Argentina, Bolívia, Equador. É levado pelos fóruns sociais do movimento altermundialista.

Atualmente, o capitalismo é sempre o grande ganhador. Exibe-se com tanto mais arrogância quanto não enfrenta alternativa política credível. O saldo do stalinismo pesa muito sobre o ideário socialista – não se conta só em milhões de mortos –, ele desacreditou para toda uma geração a idéia de que outro sistema que não o capitalista podia ser estabelecido e funcionar. Entretanto, a imaginação retoma seus direitos e renasce progressivamente das cinzas. Nessa nova ebulição ideológica em busca de soluções igualitárias, democráticas e antiburocráticas, o pensamento de Che é uma fonte de inspiração inesgotável. Não existem modelos prontos. O saldo das revoluções do século passado precisa ser avaliado mais uma vez: da Comuna de Paris em 1871 até as revoluções latino-americanas das décadas de 1960 e 1970, sem esquecer a Revolução Russa de outubro de 1917 ou a Espanhola de 1936, os revolucionários devem, com um olhar crítico, extrair desses episódios as soluções democráticas adequadas. Devem também aprender novamente que a multidão dos explorados e dos oprimidos, unida e solidária, é capaz de tomar seu destino nas mãos se assim o decidir. Nenhuma corrente revolucionária, nem guevarista nem trotskista nem libertária, pode sozinha pretender encarnar a síntese dessas experiências.

Atualmente, esta releitura crítica diz respeito a toda a esquerda e ao movimento operário. Relembremos que sem essas revoluções, sem essas rupturas, sem esses movimentos de contestação, nossas aquisições sociais seriam bem magras. Apenas o espectro de uma revolução na França, em 1936, na Libertação ou em Maio de 68, parece ter sido mais eficaz do que os governos de esquerda para arrancar direitos sociais elementares: os serviços públicos, a seguridade social ou as férias pagas. As férias pagas nunca figuraram no programa eleitoral da Frente Popular. Foram obtidas porque nossos antecessores paralisaram e bloquearam o país ocupando maciçamente suas empresas. Os possuidores, preferindo perder dinheiro em vez de poder na sociedade, foram então obrigados a ceder.

O grande canteiro de obras para elaborar o socialismo do século XXI está aberto. Não temos nas mãos as respostas-chave para todos os temas, mas algumas pistas de reflexão se abrem à nossa frente, e nem todas do passado levaram a impasses. Àqueles que alegam que a chama de nossas esperanças deveria ter-se extinguido definitivamente com o fim da experiência trágica e sangrenta do *socialismo real*, respondemos que as brasas ainda continuam ardendo – como as do comunismo de Che Guevara.

CAPÍTULO 1

UMA NOITE, EM ALGUM LUGAR, NA BOLÍVIA

Ele se deixa cair no chão, derrubado pelo peso da mochila. Uma vez sentado, retira-a penosamente, abre-a e procura seu precioso diário de viagem. Nada fácil no meio de tantas coisas. Repele primeiro os mapas em que fez regularmente anotações com lápis de cor durante os últimos meses de marcha. A floresta na qual ele e seus camaradas evoluem laboriosamente é virgem, inexplorada e, portanto, mal conhecida. Montanhas, ravinas, trilhas são impraticáveis. A floresta é hostil, a chuva incessante, entrecortada às vezes por um sol de chumbo. Mosquitos e carrapatos perseguem de modo incansável esse curioso cortejo. Cada qual precisou aprender a conviver com esses bichinhos. Como todos, está exausto, faminto, com sede, esquelético e doente, mesmo que procure dissimulá-lo tanto quanto possível. Ele mal se recupera da crise de fígado e dos vômitos que o torturam há mais de uma semana. A asma evidentemente não o poupou. O contrário teria sido surpreendente nessas condições extremas. Quase nasceu com ela.

Pequeno demais então para se lembrar disso, fora sua saudosa mãe que lhe contara como surgira essa asfixiante companheira provisória. Entretanto, tudo começara sob os melhores auspícios. Bem protegido desde o nascimento em Rosario de Santa Fé, na Argentina, "Tété" só conhecera até os dois anos o amor da mãe

Celia, terna e culta, e a afeição do pai Ernesto, construtor civil. Depois a pneumonia que contraíra numa manhã de maio de 1930 nas águas geladas de um rio degenerara em asma crônica. Enfraquecido por essa terrível desvantagem, habituara-se então a ocupar os longos dias de dor e de repouso com a leitura de inúmeros livros. Com saúde, se não comia demais, aproveitava os momentos de restabelecimento para conjurar o destino praticando esportes físicos intensos, como natação, rúgbi ou futebol.

Asmático desde sempre, erra hoje pela Bolívia, sem remédios. Não poderia dizer, exatamente, se é o doente ou o médico o mais contrariado. Efetivamente, socorrer os companheiros, ou mesmo os adversários, e tratar dos camponeses, tornou-se um hábito para ele, quase uma missão. Verificando maquinalmente na mochila a ausência de comprimidos, injeções, primeiros socorros, tranqüiliza-se ao contato de sua bomba de erva-mate, seu mate argentino, sua poção mágica e, sobretudo, seu cordão umbilical, que, quinze anos depois da partida, o une ainda ao país de origem. No início de 1947, decidira fazer medicina, motivado por sua própria doença e pela vontade de confortar o próximo. Seus estudos de medicina o haviam impelido a estudar em Buenos Aires e deixar os pais, então instalados em Alta Garcia, no sopé da cordilheira dos Andes. Fora também a medicina que lhe dera asas. No verão de 1948, recém-formado e montado numa moto especialmente consertada para a ocasião, encontrara o amigo Alberto Granado no leprosário de San Francisco del Chañar. Oitocentos e cinqüenta quilômetros percorridos, uma pequena volta ao mundo... um mundo que se estendera desde então e lhe agradara descobrir: não só a Argentina, mas também Chile, Peru, Bolívia, Colômbia, Guatemala, México, depois Cuba, Egito, Argélia, Iugoslávia, China, URSS, Congo e tantos outros países. As viagens formaram sua juventude, e também sua consciência. A desigualdade e a injustiça sempre o revoltaram. Oriundo da classe média, guardava na memória os companheiros de jogos da infância, pobres e miseráveis, como essas famílias indígenas apinhadas em alojamentos provisórios. Embora tivesse formado um comitê de ajuda progressista à República espanhola em 1937, seu pai apreciava moderadamente a transformação da casa da família em *casa del pueblo*, aberta a todas essas crianças pobres.

Mas os acontecimentos que fundaram verdadeiramente seu compromisso foram os que viveu durante seus dois périplos pela América Latina. Fizera a primeira viagem em companhia de Granado, seu cúmplice, numa velha Norton 500 cm^3, *La Poderosa II*. O tempo não apagara essas lembranças, como se a partida, em 29 de dezembro de 1951, tivesse sido ontem. Como esquecer a revolta que haviam experimentado diante dos sofrimentos dos camponeses, privados de terras por causa do confisco das plantações pelos latifundiários? As desigualdades eram gritantes ao longo do caminho que leva da Argentina à Venezuela, percorrendo as regiões abandonadas ou os bairros populares do Chile, do Peru e da Colômbia. De um lado, o luxo da rica estação balneária de Miramar, na Argentina, que abrigara suas primeiras peripécias, onde se haviam demorado algum tempo para aproveitar a terna acolhida de Chichina, seu amor de juventude. De outro, a pobreza para milhões de latino-americanos. Ele, "Fuser" – *furibondo* de La Serna –, como o apelidava então Granado, fora tomado de profunda cólera no Chile, em Chuquicamata, a bem denominada "montanha vermelha" em indígena. Mortificado e envergonhado perante o espetáculo da exploração dos mineiros do cobre por uma companhia norte-americana cínica e desdenhosa, o argentino compreendera então que a América Latina era apenas um "dos domínios da United Fruit", como escrevera à tia Beatriz, a respeito do sistema *yankee*. Ele, o homem branco, precisara admitir, do alto de Machu Picchu, que os índios dos Andes nunca deixaram de lutar contra a destruição de sua civilização. Ele, o jovem que pegara uma passagem para a escola da aventura, descobria como uma revelação a história subterrânea dos movimentos de libertação que ligava tacitamente os combates de Tupac Amaru em 1745 aos de Simon Bolívar em 1825. Uma história que se preparava de novo e ia tragar o jovem aventureiro prestes a tornar-se combatente: a da batalha perpétua a travar contra os conquistadores, passados e contemporâneos. E, finalmente, o médico aprendiz acabava de entender no leprosário de San Pablo, no Peru, que a medicina não era um fim em si, mas um meio; era tempo de dominá-la o mais depressa possível para entrar em ação e lutar sob novos horizontes. Na volta à Argentina, fizera, portanto, num tempo recorde, seus dez exames e obtivera o diploma de médico. Pois o resultado dessa primeira viagem de sete meses não era uma despedida da estrada.

Levado pelos pensamentos e com os olhos mergulhados na escuridão da noite, balança levemente a cabeça, como por compaixão. Ainda se lembra do rosto da mãe na plataforma da estação ferroviária, naquele 7 de julho de 1953, ansiosa ao vê-lo partir outra vez. Seu rosto ficara ainda mais sombrio quando, pela janela do trem, ele não conseguira reter-se e gritara: "Assim vai um soldado da América!".

Essa segunda viagem também lhe ficara gravada na memória. Carona, barco e os pés ensangüentados haviam dessa vez conduzido seus passos pelo caminho que transforma progressivamente a revolta em desejo de revolução. Levaram-no primeiro aos bairros miseráveis de La Paz. Imiscuíra-se nas repartições do governo bolivianas, onde as cenas de humilhação dos índios eram comuns. Fizera escala diante das paisagens inebriantes do lago Titicaca e de Machu Picchu, onde plana a sombra eterna das civilizações pré-colombianas. Terminara seu périplo, depois de ter passado por Equador, Nicarágua e Panamá, em San José, na Costa Rica. Lá, as discussões políticas com os inúmeros exilados políticos latino-americanos, sobretudo cubanos, avançavam rapidamente. Tanto quanto podia se lembrar, fora essa a primeira vez que ouvira pronunciar o nome de um certo Fidel Castro Ruz. Falava-se desse líder estudantil, preso com seus homens desde que tinham atacado, na ilha de Cuba, um quartel em Santiago, em 26 de julho de 1953, contra a ditadura de Batista. Era para a Guatemala que decidira ir para "se aperfeiçoar e se tornar esse revolucionário autêntico", cujos méritos louvara à tia.

A Guatemala, nesse início de 1954, acabava de conhecer o episódio de uma revolução asfixiada ainda em fase germinal. O governo do coronel Jacobo Arbenz iniciara uma reforma agrária corajosa, favorável aos camponeses guatemaltecos, que lesava de fato os interesses das companhias de frutas norte-americanas, onipresentes há dezenas de anos no país. Ora, a esperança popular que ela suscitara perecera rapidamente nas chamas dos bombardeios norte-americanos e fora traída pela impotência de Arbenz, que depusera as armas sem permitir que o povo resistisse contra o golpe de Estado militar.

Treze anos mais tarde, essas poderosas lembranças ainda lhe deixam um gosto amargo. Mas a amargura não apagará os momentos felizes dessa época de sua vida. Pois a Guatemala marcara também o encontro com Hilda, sua primeira mulher. Hildita, que agora cresceu, nascera daquele amor. A Guatemala provocara igualmente encontros militantes, como o de Ñico López, cubano castrista exilado após o ataque malogrado ao quartel Moncada, e que o contaminara com o vírus da revolução cubana. Esse mesmo Ñico López, morto depois nos combates cubanos, ele o encontrara meses mais tarde na cidade do México, terra de exílio para os refugiados guatemaltecos. A lua-de-mel com Hilda não durara muito, portanto. Numa noite de julho de 1955, por intermédio de López, ele encontrava Fidel pela primeira vez. A discussão deles, que se prolongara noite adentro, Che nunca a esqueceria. De madrugada, sabia que se tornara um combatente da revolução cubana.

Ele tira da mochila os livros-chave que permitem decodificar as mensagens cifradas emitidas pelo transistor. Mas, na realidade, já não se comunica muito com Cuba, visto que, há semanas, já não pode mais enviar nenhuma mensagem, somente receber. O rádio é o último vínculo que os liga, ele e seus homens, ao exterior. Algum tempo antes, a rede urbana de apoio à guerrilha foi definitivamente decapitada com a prisão de Loyola Guzmán, a tesoureira do Exército de Libertação Nacional (ELN). Com seu encarceramento, a peça mestra do dispositivo por trás da guerrilha rural desapareceu. Uma verdadeira catástrofe, pois o movimento na cidade assegurava o abastecimento, a logística e a atividade política vital dirigida à classe operária. E, há apenas uma hora, o rádio anunciava ainda que 250 militares estavam prestes a cercá-los. Bom, mas não era a primeira vez que ouvia esse gênero de anúncio triunfalista.

Ele observa a lua. Minúscula, porém ilumina nitidamente aqueles que há meses se deslocam à noite. Em volta dele, os homens dormem desde o instante em que pararam de andar. A noite está particularmente fria. Todos se cobriram com os blusões. Ele também, aliás. Sua velha camisa sem botões não bastaria. Hesita em enfiar o capuz. O boné com abas, de cor verde-bronze, deveria bastar. Ele não o tira mais, usa-o noite e dia.

Esse boné, tinha-o comprado em Paris, durante uma das inúmeras escalas, que de Cuba a La Paz haviam permitido embaralhar as pistas e livrar-se das autoridades internacionais inquietas por terem perdido sua pista desde a partida de Cuba. Chegou assim incógnito à Bolívia, em 3 de novembro de 1966. Ainda se lembra do número do passaporte, tendo decorado a nova identidade: 130.748. Passaporte em nome de um certo Adolfo Mena González, sociólogo uruguaio. Curioso personagem, esse sociólogo. Calvo, usando grandes óculos, tinha, com o nome de Ramon, feito uma última visita à família em Cuba. Sua segunda esposa, Aleida, pela qual se apaixonara durante a guerrilha cubana, prestara-se ao jogo recebendo o marido disfarçado na frente dos filhos, não informados. Porém Aleidita, sua filha, levantara dúvidas sobre esse pretenso espanhol parecido demais com um argentino.

Essa noite, esses meses de separação que o privam da família lhe pesam. Toca, sem a descobrir, a foto da mulher e dos filhos que conserva preciosamente no bolso.

Fora também em Paris que precisara comprar seu cachimbo, e a que preço. Sorri interiormente rememorando a cena no aeroporto de Orly. Numa loja, quando já enchera o cachimbo que se preparava para acender, o comerciante acalmara seus ardores anunciando-lhe o montante: 22 dólares. A história poderia ter acabado em escândalo se Pacho, aliás, Alberto Fernández, não o tivesse pago de seu bolso, envergonhado pela cólera do señor Mena.

Pacho dorme profundamente, encostado na mochila. Apertando mecanicamente o tabaco no cachimbo, não tira os olhos dele. Lamenta não ter guardado um dos charutos cubanos que tanto aprecia, e os quais fumava nas grandes ocasiões. Agora, as grandes ocasiões estão cada vez mais raras. De qualquer maneira, considerando a proximidade das tropas militares, seria total loucura acender um charuto que, ao se consumir, os denunciaria na certa.

Cachimbo na boca, ele procura ainda na mochila e encontra por fim o famoso diário. Sua mão esquerda, com uma cicatriz no dorso, acaricia a capa verde do caderno no qual copia regularmente poemas de Neruda, León Felipe e Guillén. Sob a pilha estão arrumados os diários de campanha de seus camaradas, que ele guarda por segurança. Pombo, Pacho, Rolando, Braulio e Moro relatam aí à maneira deles a vida cotidiana da odisséia boliviana desde 7 de novembro de 1966.

Depois pega seu próprio diário, uma agenda de cor vermelha. Nas costas da capa está colada uma etiqueta em que se pode ler:

Carl Klippel – Kaiserstrasse, 75 – Frankfurt. Seu olhar detém-se brevemente na primeira página, que ele inaugurara com um convite tão apressado quanto sua letra: "Hoje, uma nova etapa começa!".

Mas que etapa? Para ser franco, hesitara longamente sobre o destino de seu núcleo de guerrilha. Estava convencido da necessidade de formar uma base na retaguarda, no centro da América Latina, de treinar vários movimentos armados, no Peru, Bolívia, Argentina, Chile, Paraguai e Brasil. Seu projeto era que a cordilheira dos Andes se tornasse a Sierra Maestra – foco inicial da luta armada em Cuba – para toda a América Latina. Sua vontade não era imitar o modelo cubano, mas consistia antes, no contexto internacional, em "vietnamizar" o conflito, abrindo, além da Ásia, uma segunda frente de combate contra os *yankees*. Aliás, nunca o escondera e não dissera outra coisa nos discursos oficiais, quando tinha responsabilidade no governo cubano. No mundo todo, clamara sua intenção pessoal de lutar até a morte contra o imperialismo generalizando a revolução, com o risco de se libertar da tutela soviética. Fora esse o sentido de seu discurso de defesa de 9 de dezembro de 1964 na ONU, e depois de seu discurso de acusação pronunciado em Argel, em 15 de fevereiro de 1965. Era também o sentido da mensagem que o jornal cubano *Granma* publicara no último 17 de abril. Esse apelo, esse "grito de guerra contra o imperialismo", era destinado a todos os povos da América, da Ásia e da África. A milhares de quilômetros de Cuba, ouvira a leitura de seu texto graças ao rádio, empoleirado numa árvore na Bolívia. Sua frase "Criar dois, três, inúmeros Vietnãs", ele sabia, devia ter irritado a Casa Branca e gelado o Kremlin. Acender novas fogueiras era uma necessidade sem a qual a própria chama cubana acabaria asfixiada sob a chapa de chumbo de uma burocracia nascente.

Inteiramente entregue às suas reflexões, continua a folhear as páginas do diário.

Passar a uma nova etapa respondia também a uma necessidade, que ele sentira individualmente após ter combatido a ditadura e dirigido a revolução cubana de 1956 a 1965, ou seja, durante quase dez anos. Entretanto, essa nova etapa não tinha só o objetivo de lhe permitir continuar suas "andanças pelo mundo". Embora fosse uma garantia que exigira de Fidel, no momento de seu encontro, antes de se envolver na libertação cubana. Essa etapa tinha também outra função: apagar o episódio infeliz do Congo. Evidentemente, os sete meses de combate passados a ajudar a guerrilha de Laurent-Désiré Kabila provavelmente não tinham sido inúteis. Havia mesmo, na origem, boas razões para acreditar nisso. Os movimentos revolucionários do Conselho Nacional Congolês pediam tal apoio, após o assassinato, em janeiro de 1961, do primeiro-ministro progressista e defensor da independência Patrice Lumumba pelas tropas de Moise Tshombe. Fidel, por seu lado, diferentemente do projeto boliviano, mostrara-se favorável ao projeto congolês. Sob o nome de código de "Tatu" – o número três em suaíli –, ele dedicara um ano a essa aventura clandestina no Congo. Um ano "em que não estávamos em nenhum lugar aos olhos do mundo", como se divertia dizendo. Tinham surgido obstáculos demais: a diferença de cultura, de língua, a falta de preparo para o combate dos grupos africanos. Ele, o branco, embora cercado por sua guarnição militar de cubanos negros, evoluía política e psicologicamente num universo a mil léguas das preocupações, dos pontos de referência, dos usos, dos costumes, até mesmo das superstições locais. A utilização da *dawa*, poção mágica distribuída por um feiticeiro aos soldados e capaz de torná-los invulneráveis às balas, não o fizera sorrir por muito tempo. Mas, acima de tudo, o que suscitara mais frustração no homem de ação fora ficar paralisado à espera das instruções, que se tornavam tão raras quanto as aparições de Kabila. Tirara daí uma lição definitiva: a etapa seguinte, para ser a etapa certa, deveria desenrolar-se militarmente sob seu comando único para que não dependesse de mais ninguém. Sua intransigência sobre o assunto permitira ao Partido Comunista Boliviano maquiar como querela de direção as divergências políticas sobre a questão estratégica da luta armada: este insistia na ilegitimidade de um não-boliviano para conduzir uma insurreição nessas terras. Era uma das razões pelas quais ele teria preferido tanto lutar em casa, na Argentina.

Entre sua última aparição pública em Cuba, em 22 de março de 1965, por ocasião de uma conferência a respeito da África no Ministério da Indústria, e a entrada clandestina na Bolívia no início do mês de novembro de 1966, mais de um ano transcorrera. Antes de chegar às terras bolivianas, precisara esperar cinco longos meses secretamente, sozinho em Praga. Fora esse o preço para digerir o fracasso congolês, que, de recuos em derrotas, se soldara por um fiasco até a retirada no fim do ano de 1965. Em Praga, dedicara-se a reativar o *script* no qual nunca deixara de trabalhar desde o verão de 1963, sobre a possibilidade de lançar os combates pelo lado do Peru, da Bolívia e da Argentina. Acompanhara de perto a evolução dos sobreviventes de uma coluna da guerrilha peruana, refugiados em La Paz desde o mês de maio de 1963. Havia então enviado em missão à Bolívia José Maria Tamayo, capitão cubano, desde o mês de julho do mesmo ano, a fim de estabelecer os contatos das primeiras redes. Ele se envolvera na criação do EGP, o Exército de Guerrilha do Povo, que, sob o comando de seu amigo jornalista Jorge Masetti, começara a atividade na Argentina a partir de setembro de 1963. Decapitada em abril de 1964, a guerrilha do amigo, desaparecido, anunciara o fracasso de um projeto pessoal na Argentina. A Bolívia se impusera, portanto, como frente de combate enquanto tal e também como base na retaguarda de um movimento armado continental. Então, ele despachara Tania, uma antiga tradutora que conhecera em Moscou e pertencia aos serviços secretos cubanos, para que se infiltrasse na alta sociedade de La Paz.

Ele chega à página em branco do caderno, no alto da qual está a data de 7 de outubro de 1967. Recusa a dúvida interior que sente invadi-lo, e convence-se depressa de que a destinação boliviana é uma nova etapa, não a última. Embora as recentes dificuldades materiais e militares comecem a inquietá-lo, ainda acaricia a esperança secreta de levar mais longe a aventura. E se fosse preciso morrer, como confiou a Ulises Estrado, funcionário do Ministério do Interior cubano, que estava com ele em Praga, desejava que fosse "ao menos com um pedacinho do pé em território argentino".

No momento, seu pé está na Bolívia e dá pena vê-lo. Há um mês, atravessando um rio, perdeu os sapatos. Suas sandálias, com cordões e de corda, mesmo com três pares de meias, resistem mal ao mato, às raízes, e não o protegem do frio. De lápis na mão, preparando-se para escrever, relê o que pôs no papel na véspera: "...a rádio chilena divulga uma notícia censurada, segundo a qual há 1.850 homens na região no nosso encalço". De todo modo, em quem acreditar? Ele, jogador de xadrez perante o Eterno, evolui numa partida arriscada em que não vê o adversário avançar seus peões. Uma coisa é certa: há uma semana, os guerrilheiros a combater são apenas dezessete. Muitos amigos morreram. Toda a retaguarda foi dizimada no fim de agosto, entre os quais Tania, Acuña e Machin. Suas sombras de sempre, sua guarda mais próxima igualmente: Coco, há alguns dias, San Luis, seu mensageiro desde a coluna 4 da Sierra Maestra, e depois Collo, que ele amava como filho. Instintivamente, olha seu segundo relógio, o que Collo lhe confiou antes de morrer: 2h30 – e não consegue conciliar o sono.

Afinal de contas, na sua tropa eles nunca se tinham contado às centenas, no máximo cerca de cinqüenta. E, depois, eram apenas dezessete a fazer parte do comando cubano selecionado e treinado secretamente durante três meses na *finca* de Pinar del Rio, de meados de julho a meados de outubro de 1966. Sempre dezessete a atirar contra Batista, após o naufrágio do barco deles, o *Granma*, no qual haviam embarcado 82.

Ele sabe que seu próprio moral tem influência sobre o do grupo. Põe-se, portanto, a redigir: "Os onze meses desde que começamos a guerrilha terminaram sem complicações, bucolicamente até 12h30, [hora] na qual uma velha veio guardar suas cabras no cânion onde acampávamos, e precisamos fazê-la prisioneira. A mulher não nos deu nenhuma notícia digna de fé referente aos soldados. Respondeu simplesmente que não sabia, que já não andava por aí há muito tempo. Deu-nos simplesmente informações sobre os caminhos. Segundo o que ela diz, parece que estamos mais ou menos a uma légua de Higueras, a uma légua de Jagüey e a cerca de duas léguas de Pucara. Às 17h30, Inti, Aniceto e Pablito foram à casa da velha, que tem uma filha com bócio e meio anã. Demos-lhes cinqüenta pesos pedindo-lhes para não dizer palavra, mas sem muita esperança de que mantenham a promessa".

Pára nestas palavras e pensa que o isolamento do qual sofrem não provém da ausência de rede urbana nem dos recentes sucessos do Exército, que deitou a mão nas reservas escondidas nas grutas em torno de sua base na retaguarda, a fazenda em Ñancahuasú. O isolamento deles deve-se ao terror, por vezes à hostilidade, da população camponesa, que evita seu contato, temendo a guerrilha. Sabe que avançam num meio propício para informar o Exército. Na Sierra Maestra, os camponeses uniam-se à guerrilha. Che tratava deles, alfabetizava-os, educava-os, politizava-os e amava-os. Talvez a tímida reforma agrária de que se beneficiaram aqui explique as dificuldades para estabelecer um contato forte. Talvez a força dessa região boliviana, o fato de que seja quase desabitada, se volte contra eles. Ele não escrevera no balanço do mês anterior que "a tarefa mais importante é partir para procurar zonas mais propícias"?

A escolha de Ñancahuasú fora feita em outubro de 1966, alguns dias antes de sua vinda, precipitadamente. Enviando de novo Tamayo de Praga à Bolívia, ele contava pôr um pouco de ordem antes de sua chegada. Mas as dissidências entre as diferentes correntes revolucionárias tinham-se perpetuado infalivelmente. Os recrutas da guerrilha maoísta de seu homônimo Moise Guevara tinham-se feito esperar, e depois que ele chegara, tinham-se revelado fraquíssimos politicamente: um verdadeiro viveiro de desertores e de denunciadores potenciais. Sobretudo, o duplo discurso da direção do PCB sobre a luta armada, que não escutava senão a voz de seu senhor soviético, tinha-se, como Che já esperava, rapidamente transformado em abandono puro e simples de seu grupo. O eco favorável que a guerrilha encontrara de início na população, e que jamais se desmentira, parecia dever ser continuamente sabotado por não ter sido captado por uma rede urbana suficientemente organizada. Pior, o massacre de São João, no último dia 24 de junho, não provocara nenhuma reação unitária dos partidos políticos, enquanto 87 mineiros tinham sido mortos pelo Exército, pelo fato, e única razão, de a federação sindical da região das minas se solidarizar com a guerrilha.

Essa idéia dá-lhe raiva. Ela o enraivece tanto mais quanto a ausência orquestrada de apoio se faz cruelmente sentir em um momento em que a popularidade deles cresce, após sucessos militares importantes, apesar do cerco que devem suportar daí por diante. Lembra-se, aliás, de ter anotado essa reflexão recentemente em seu caderno: "A lenda toma proporções fabulosas, nós nos tornamos invencíveis". Ainda pensa assim.

A prisão, no fim de abril, do jovem intelectual francês Régis Debray, enviado por Fidel Castro havia vários meses, voltara-se contra a propaganda de Barrientos. A caricatura de processo que lhe fora reservada fazia, afinal de contas, cair mais ainda as máscaras da ditadura junto à opinião mundial.

Com vontade de concluir o capítulo, retoma o relato: "Partimos, os dezessete, à luz fraca da lua, a marcha foi muito penosa, deixamos muitos traços no cânion em que estávamos; não havia casas próximas, e sim campos de batatas irrigados por pequenos canais vindo da torrente". Inquieta-se com a idéia de que o cansaço possa lhes pregar peças. Todos os homens estão magros, pálidos como cera e cadavéricos. Devem carregar mochilas de trinta quilos. De tanta sede, bebem às vezes a própria urina e, de tanta fome, devoram carne estragada cheia de vermes. Ele sabe que alguns chegam a ter alucinações por falta de sono. Sabe, sobretudo, que ele mesmo beirou a loucura quando, enfeitiçado pelo esgotamento e o cólera, matou sua mula no início de agosto. O impacto psicológico sobre o grupo fora terrível. É por isso que quer dar o exemplo mais do que nunca. Decidiu não o relatar, mas, pouco antes da parada, foi preciso de novo motivar os combatentes, escalando uma rocha que obstruía a estrada. A brecha de 1,50 m situada no topo desta última devia ser transposta para passar por cima de um poço de água gelada, e ninguém se queria lançar. Prova de que o moral não estava muito firme. Sentindo o cansaço invadi-lo, termina seu relato cotidiano: "Duas horas, paramos para descansar, pois não valia mais a pena continuar a avançar. El Chino torna-se verdadeiramente um peso quando é preciso andar de noite.

O Exército deu uma informação bizarra a respeito da presença de 250 homens em Serrano para impedir a passagem dos guerrilheiros cercados, em número de 37, e situou a zona em que estamos refugiados entre o Acero e o Oro. A notícia parece querer ser uma diversão.

Altitude: 2.000 m".

É um dos pontos mais altos da longa marcha. Ele verifica o altímetro e recoloca-o na mochila, entre todos os livros.

Seus livros eram assunto de piadas recorrentes por parte dos companheiros, que se divertiam, entre eles, a comparar sua mochila a uma biblioteca mais do que a um depósito de armas. Isso nunca o impedira de cuidar de suas armas. Mantinha, aliás, sempre um olho sobre o fuzil M2 assim como sobre o revólver e sabia exatamente onde se encontrava o punhal Solingen. Não se lembra de ter andado freqüentemente desarmado. O pai lhe ensinara rudimentos de tiro, quando tinha apenas cinco anos. O pai também não se esquecera de lhe pôr, no último minuto, um revólver no bolso, antes que ele partisse para seu primeiro périplo com Granado. Quanto ao médico-guerrilheiro de Sierra Maestra, não hesitara muito tempo quando fora preciso escolher, por causa do peso a carregar, entre a metralhadora e a maleta de médico: era, em primeiro lugar, um revolucionário. Pois, para ele, as armas representavam inicialmente um meio político necessário para começar a luta e libertar povos, que, privados de regimes democráticos, sofriam, além disso, a exploração e as discriminações. Perante ditaduras, o pacifismo não funcionava – sabia disso desde a Guatemala – e a luta armada podia recompensar – sabia disso desde Cuba. Um punhado de militantes podia ter influência sobre a história. Pois, antes de embarcar para Cuba, eles eram apenas um punhado a treinar durante meses num rancho da cidade de Chalco, a alguns quilômetros da Cidade do México, sob as ordens de um general, o ex-republicano espanhol Alberto Bayo. Após o desembarque, não passavam de um punhado de sobreviventes a resistir num canavial de Alegría del Pio, ao grito de "Aqui ninguém se rende, *carajo*", que lançara seu saudoso cúmplice Camilo Cienfuegos. Um punhado caçado por 17 mil homens. Um punhado enfim, quando, em 21 de julho de 1957, Fidel fizera dele *el comandante*, entregando-lhe uma estrelinha dourada que ele se habituara a pregar na boina. Pois, em muitos aspectos, a guerrilha ainda tinha ares de Exército mexicano, contando com muitos oficiais e poucas tropas. Por isso, e apesar da fome, das doenças e do cansaço, os acontecimentos se tinham sucedido de modo irremediável. Rapidamente, as bases da retaguarda que ele soubera construir, quer fosse a de El Hombrito, quer a de La Mesa, haviam funcionado como lugares de abastecimento e igualmente como lugares de contra-poder, onde se aprendia a combater, mas também a ler. Tinham até mesmo estabelecido sua própria rádio, Radio Rebelde. Aos trinta anos, gastara inúmeros meses a proteger a Sierra das incursões do Exército, organizadas por seu inimigo jurado, Sánchez Mosquera. Os próprios camponeses haviam consolidado essa zona libertada, fundada sobre uma nova organização social, onde a alfabetização, os cuidados médicos e a justiça não eram apenas palavras. De fato, ele aprendera muito com o povo. No campo como nas cidades. O papel das cidades, primeiro ele o subestimara, depois do fracasso da primeira greve geral. Em seguida, partira ao encontro das zonas urbanas, no fim do ano de 1958, quando, à frente da coluna "Ocho", começara a conquistar o oeste da ilha e a libertar as cidades de Las Villas e Santa Clara. As penosas condições de vida, de marcha e de combate, o começo da invasão até a vitória de Santa Clara, em 31 de dezembro de 1958, estavam marcados na sua carne para sempre. Aquela campanha não se resumira a batalhas militares, com seu cortejo de rendições e de tiros. Ela levara ao mesmo tempo a revolução atrás de si. A reforma agrária avançava ao ritmo da sua coluna. Vinte e cinco meses levaram-no a Havana, que descobrira, em 2 de janeiro de 1959, num clima de greve geral, de festa e de regozijo popular. Aqueles 25 meses o tinham metamorfoseado.

Suas lembranças cubanas o acompanham desde o início da aventura boliviana. Elas o reconfortam, impelem-no a avançar, pois lhe lembram que é ali, no fogo da ação, que ele consegue se superar e se conduzir como um homem novo, digno da nova sociedade que deseja construir. A revolução cubana permanece sua bússola, embora, da guerrilha aos Ministérios, lhe tivesse deixado finalmente o gosto de uma experiência inacabada. Seu objetivo continuava a ser a revolução no mundo.

Entre o reencontro com Fidel naquele início de 1959 em Havana e o de 15 de março de 1965, sempre em Havana, após três meses de viagem durante a qual pronunciara seu famoso discurso de Argel, uma página da história fora virada. Em seu retorno, a discussão durara dois dias. A amizade continuava presente, mas os pontos de vista divergiam, notadamente sobre as relações com Moscou. Não sobre Cuba. Houvera de sua parte tanta motivação para combater quanto para dirigir a revolução. No governo, como em todas as suas funções. Como embaixador, agradara-lhe encontrar os grandes homens do planeta: Nasser, Nehru, Tito, Sukarno, depois Ben Bella, Krutschev, Mao e tantos outros. Para a reforma agrária, ele se empenhara a fundo, querendo acelerar-lhe o ritmo. Na direção do Banco Nacional Cubano, desde novembro de 1959, agradara-lhe desafiar os mercados internacionais emitindo notas assinadas com seu apelido e com a efígie de Camilo Cienfuegos. Como ministro da Indústria, a partir de fevereiro de 1961, conduzira, arriscando-se a subestimar as realidades cubanas, uma política voluntarista para dar a Cuba um mínimo de independência econômica. Che se realizara em sua vida de cubano, fazendo honra à dupla nacionalidade, adquirida desde o triunfo da revolução, mas à qual renunciara antes de partir novamente. Evidentemente, ele participara da resistência por ocasião do desembarque fracassado dos norte-americanos e dos oponentes cubanos na Playa Gíron, na baía dos Porcos, em 17 de abril de 1961. Fora um dos principais dirigentes, mas antes de tudo queria sempre continuar a aprender, em todas as áreas, sobretudo matemática, graças a cursos regulares. E continuara a aprender diretamente com o povo, cuja mentalidade apreciava, notadamente durante as jornadas de trabalho voluntário que instaurara e das quais participava ativamente. Em suma, sentira orgulho de ser cubano.

Ele não poderia situar exatamente em que ocasião o vínculo com as autoridades soviéticas começara a esgarçar-se, antes que a discórdia se estabelecesse por completo. Talvez tivesse sido por ocasião da gestão da crise dos mísseis, durante a semana de 22 a 28 de outubro de 1962, quando o mundo retivera o fôlego, temendo uma terceira guerra mundial entre os dois blocos. Krutschev recuara então perante o ultimato de Kennedy, retirando os foguetes soviéticos da ilha, sem nem mesmo prevenir Fidel. Talvez tivesse sido no momento dos debates públicos sobre o tema da transição para o socialismo, em que ele não hesitara em se opor às concepções ortodoxas do campo soviético. Com efeito, tanto no Banco Nacional como no Ministério da Indústria, agira para asfixiar ao máximo o papel lucrativo dos empréstimos bancários concedidos pelo Grande Irmão, a fim de permitir à indústria nacional utilizar o melhor possível a liquidez necessária a seu funcionamento. Não compreendia que os empréstimos dos países soviéticos concedidos aos países do Terceiro Mundo pudessem ser, à imagem do capitalismo, vantajosos financeiramente. Talvez essa ruptura se tivesse produzido durante todo esse tempo em que, sem querer, ele aparecera de modo progressivo como um dos porta-vozes mais ardentes dos países pobres, agindo contra o imperialismo na cena internacional, independente, e até mesmo desafiando as burocracias do Leste. Seja como for, entre sua primeira acolhida triunfal na Praça Vermelha em Moscou, em 7 de novembro de 1960, e sua última série de viagens oficiais através do mundo no início de 1965, tinham surgido contenciosos irremediáveis.

A carta que deixara a Fidel antes de "desaparecer", tornada pública em outubro de 1965, era uma carta de adeus. A história continuava, mas uma parte de sua própria história ficava para trás e afastava-o para sempre dos filhos, aos quais destinara uma carta póstuma igualmente. Hildita, Aleidita, Camilo, Celia e Ernesto...

O barulho da marmita de alumínio, batendo no chão, projetada pela queda da mochila, acorda-o em sobressalto. Dormia. Lança uma olhadela rápida ao relógio: 4 horas. É hora de partir novamente. Olha Benigno, que dorme um sono profundo. Ainda se lembra do momento em que esse jovem camponês, com a idade de 17 anos, se juntara às fileiras da guerrilha cubana depois que sua mulher grávida fora assassinada pelo Exército. Benigno, que ele não parara de alfabetizar desde então. Seu companheiro diz não manter diário de viagem, mas ele só o crê pela metade, sem verdadeiramente se zangar. Sente afeto por ele. Benigno simboliza, no fundo, sua própria epopéia política, a década que transcorreu de Cuba à Bolívia. Aos pais, para tranqüilizá-los, durante a campanha militar com Fidel, escrevera: "Perdi duas vidas, sobram-me cinco". Como os gatos. Uma vida para as viagens, uma vida para fazer a revolução em Cuba, outra para estendê-la à América Latina. Estaria pronto a apostar que ainda lhe restam quatro.

Sacode-o ternamente: "Beni, é preciso continuar!".

Nesse 8 de outubro de 1967, a tropa recomeça a marcha. É rapidamente cercada, denunciada por um camponês que os vira passar na noite anterior perto de seu campo de batatas. Enfrentando, com seus homens, o fogo de uma centena de rangers, *el comandante* é ferido na perna direita. É detido e capturado no vilarejo de La Higuera. Aí, numa escola, em 9 de outubro, no início da tarde, Ernesto Guevara, apelidado "Che" por causa da interjeição tipicamente argentina que pronunciava a cada frase, é assassinado por duas rajadas disparadas pelo soldado chamado Mario Terán. Este agiu por ordem do governo boliviano, que trabalha há semanas em colaboração estreita e pública com a CIA.

Che deixa atrás de si seu diário, seus combates e a lenda daquele que morreu por suas idéias. Aventureiro humanista para uns, santo laico para outros, Robin Hood vermelho para muitos e revolucionário para sempre, encarna, décadas depois de seu desaparecimento, a esperança, mantida intacta entre as novas gerações, de mudar o mundo por todos os meios necessários.

CAPÍTULO 2

UM MARXISTA HUMANISTA OU O COMBATE POR UM COMUNISMO DE FEIÇÕES HUMANAS

A piada é famosa em Havana. Durante uma reunião da direção cubana pouco depois da revolução, quando Fidel Castro perguntou à assembléia, "Há um economista na sala?", Che teria levantado o dedo. É imediatamente nomeado presidente do Banco Nacional. À saída da reunião, Fidel teria interrogado Che, estupefato: "Não sabia que eras economista!". Resposta do interessado: "*Carajo*, tinha entendido que a pergunta era: há um comunista na sala?". Para além da anedota, é certo que Ernesto Guevara assumia publicamente a adesão às idéias comunistas, muito antes da Revolução Cubana.

Quarenta anos após a morte, parece que Che é poupado do descrédito que contamina, no início do século XXI, a ideologia comunista, a qual arrasta contra vontade, atrás de si, a lembrança de sua caricatura atroz, stalinismo e "socialismo real". Che ficará na História por ter denunciado a indiferença de Moscou para com as lutas de libertação nacionais que procuravam livrar seus países da dominação capitalista.

A epopéia política, subversiva e romântica de Che suscitou, na época, uma lufada mundial de oxigênio num movimento operário internacional paralisado pela guerra fria. Ela constitui ainda hoje um viveiro de idéias e uma fonte de inspiração original. Efetivamente, no tempo do capitalismo universal, a sombra de

Che continua a planar sobre o Chiapas mexicano, na região dos camponeses rebeldes zapatistas. Estende-se sobre a Venezuela de Chávez. Flutua acima das manifestações da geração altermundialista, que, nas escolas, empresas e bairros operários contesta a imposição da nova ordem mundial predadora sobre a economia, a sociedade, a paz e o meio ambiente. Pois Che Guevara é bem mais do que um comunista livre e independente do jugo ideológico soviético. Para além das peripécias com o Kremlin, Che soube dar com seu pensamento um impulso novo e durável ao projeto universal de transformação social. Ele desejava ver cada um se reapoderar individualmente desse projeto. Para ele, a compreensão do socialismo só pode realizar-se na escala pessoal, levando em conta as preocupações íntimas de cada explorado. Se a revolução se torna impessoal, afasta-se do ponto sensível dos homens. Ora, individualizando a política, Che espera fazer germinar no maior número de consciências o grão das lógicas emancipatórias: a história da humanidade tem a particularidade de ser feita pelos homens.

Na origem, o humanismo revolucionário de Che não guia seu combate e suas idéias pelos caminhos da renovação do marxismo. Ele não procura lhe dar uma feição mais humana. Sua reflexão não se construiu nesse sentido. Ela o impele para o marxismo, porque é nesse projeto que seu compromisso humanista inicial obtém um resultado, à medida de seu próprio avanço intelectual e político. Desde as primeiras viagens de adolescente na América Latina até os combates revolucionários em Cuba, no Congo ou na Bolívia, sua matriz ideológica nunca se fixou. Pelo contrário, continuou sempre em movimento, em questionamentos perpétuos, em interrogações incessantes, movida por uma sede de descoberta. Não encontrou suas respostas, preestabelecidas, nas leituras selecionadas pelo "marxismo de fachada e superficial dos russos", como lembra Paco Ignácio Taibo II na biografia *Ernesto Guevara connu aussi comme le Che.*[1] Seu engajamento, ele vai buscá-lo no que tem de melhor, com as tripas, o coração e a cabeça, uma cabeça ávida de compreensão e saber.

---

1 Taibo II. p.517. (Todas as referências bibliográficas completas são dadas na p.217.)

O período no qual ele evolui é marcado pelo colonialismo, com suas guerras, seu racismo, e pelo movimento de descolonização, gestado por inúmeras lutas de libertação contra o imperialismo na Ásia, na África e na América Latina. A época presta-se provavelmente a esse tipo de expectativas políticas, renovadas após décadas de pensamento asseptizado pela burocracia de Moscou. A hora parece estimular os espíritos e favorecer a emulação ideológica. Seguindo seu próprio caminho, por vias diferentes, Malcolm X, nos Estados Unidos, que rompeu com os Black Muslims em 1964, chega a conclusões similares às de Che na véspera de seu assassinato em fevereiro de 1965: defende um marxismo aberto, humanista e internacionalista. Duas vidas. Dois assassinatos. Dois percursos ceifados em pleno vôo por uma morte decretada pelos defensores inquietos da ordem *yankee*.

A pesquisa política leva progressivamente Che ao marxismo das origens. Aquele em que a humanidade e o indivíduo eram tudo, a raiz e o objetivo do projeto igualitário. Projeto político global que constitui uma cadeia na qual o humano, como ator principal e autêntico sujeito revolucionário, volta a tornar-se o fio vermelho que liga todas as etapas da transformação social: da revolta pessoalmente sentida e suscitada pelas injustiças da sociedade atual, à realização individual favorecida pela sociedade nova. Che faz de uma citação do poeta e revolucionário cubano José Martí seu estandarte: "Todo homem verdadeiro deve sentir na face o golpe dado a qualquer homem".[2] Manter a revolta à flor da pele, indignar-se, é sentir que faz parte de toda a humanidade, num destino solidário, e já é agir. Ele coloca a humanidade no mesmo plano que a família. Respondendo a María Rosario Guevara, que lhe pergunta se é possível que ambos tenham ancestrais em comum, diz:

> Não creio que sejamos parentes muito próximos, mas, se você é capaz de estremecer de indignação cada vez que se comete uma injustiça no mundo, então somos camaradas, e isso é mais importante.[3]

Dizendo isso, não procura relativizar o vínculo familiar, mas valorizar uma relação universal em que cada um poderia ser

2 Ernesto Che Guevara, *Oeuvres III*, *Textes politiques*, p.137.
3 Ibidem, p.316.

levado a interiorizar seu bem-estar em função do bem-estar de seu camarada. Não se trata de um altruísmo resignado a suportar a infelicidade dos outros como um fardo, mas, ao contrário, de agir para mudar sua própria sorte, pela sorte dos outros também, numa realização recíproca. Ele defendia essa idéia perante os jovens comunistas de Cuba:

> O dever de todo jovem comunista é ser essencialmente humano, tão humano que se aproxime do melhor do humano..., desenvolver sua sensibilidade a ponto de sentir angústia quando se assassina um homem em algum lugar do mundo e exaltar-se quando se levanta em algum lugar uma nova bandeira de liberdade.[4]

Libertar a humanidade de suas correntes lutando contra a alienação individual, defendendo valores éticos, eis o aporte original de Che ao marxismo.

A revolução para o humano

Seu engajamento na revolução explica-se inicialmente por uma vontade de libertar o humano da "gaiola invisível" em que a sociedade encerra o homem enquanto ele permanecer só um lobo para o homem. O socialismo (o comunismo) não tem sentido – e não pode triunfar – se não representar um projeto de civilização, uma ética social, um modelo de sociedade totalmente antagônico aos valores do individualismo mesquinho, do egoísmo feroz, da competição, da guerra de todos contra todos no sistema capitalista. Sua aproximação da revolução é antes de tudo uma questão de encontros humanos. Esses últimos não faltaram durante o primeiro périplo que efetua, de motocicleta, através da América Latina com o amigo Alberto Granado. Juntos, descobrem regiões marcadas pela voracidade da United Fruit Company, que pilha riquezas, terras, solos e vidas humanas há mais de meio século. Uma "andança sem destino através de nossa América maiúscula que me mudou mais do que eu acreditava", escreve na abertura do relato *Voyage à motocyclette. Latinoamericana* [Viagem de

4 Ibidem, p.117-8.

motocicleta latino-americana].[5] Com os operários, camponeses, mineiros, índios, jovens e velhos, encontrados ao acaso durante a viagem, discute, troca olhares que valem por todos os testemunhos e sente uma conivência tácita se estabelecer com eles, que pertencem ao campo dos que sofrem. Guevara, o médico aprendiz, desdobra-se então em revolucionário. Doravante, quer não só tratar de seu semelhante, mas também subtraí-lo às engrenagens da máquina capitalista que engole e mói os homens para voltar a cuspi-los sob forma de lucros. "Descobri que era impossível curar crianças doentes devido à falta de meios e vi a degradação da subnutrição e da repressão constante", lembra num discurso, em 19 de agosto de 1960, a respeito de suas viagens. O caminho que o leva ao marxismo é indissociável desses rostos encontrados na estrada, que formam como um pano de fundo animado. Seu percurso é o de uma evolução política progressiva que compartilha a sorte de todos aqueles de quem se aproximou. Um percurso que se acelera por ocasião do golpe de Estado militar, apoiado pelos Estados Unidos na Guatemala em 1954, que põe fim ao programa de reformas progressistas do governo local. Che é testemunha direta da derrubada do presidente Jacobo Arbenz por uma junta militar: essa experiência concentra e resume por si só todas as conclusões dramáticas de uma contra-revolução que trai as esperanças daqueles que crêem lealmente na mudança. Venceram a onipresença do poder econômico e político norte-americano no seio da esfera dirigente guatemalteca, a violência das classes possuidoras em reação às reformas sociais em curso, a ineficácia do pacifismo de Jacobo Arbenz, que não soube se opor à destituição da política que impulsionara, a recusa dos comunistas stalinistas guatemaltecos de distribuir armas ao povo...

O exílio mexicano de Che, que se segue a esse episódio, permite-lhe ler inúmeras obras da literatura marxista-leninista e travar longas discussões militantes, sobretudo com os refugiados cubanos castristas que não conseguiram tomar o quartel de Moncada. O projeto deles de desembarcar para libertar Cuba da ditadura de Batista faz imediatamente eco à ebulição de suas novas idéias.

---

5 Ernesto Che Guevara, *Voyage à motocyclette*, Mille et une nuits, 1997, p.12.

Convertido ao marxismo antes de outros dirigentes cubanos, Ernesto Guevara deixa esses últimos fazerem sua própria experiência e chegar no ritmo deles às conclusões a que ele mesmo chegou algum tempo antes. É a idéia que faz do marxismo: uma ideologia que não se impõe. A seus olhos, a adesão a esse projeto só pode ser à imagem do próprio projeto, ou seja, em movimento perpétuo. Para ele, uma corrente de idéias cuja essência repousa sobre o espírito crítico só pode adquirir sentido se cada um aderir livremente, pela própria reflexão. É, portanto, sempre argentino e já marxista que Che intervém na revolução cubana com uma preocupação em mente: que ela descubra, "por seus próprios métodos, as vias indicadas por Marx".[6]

O marxismo de Che nada tem de dogmático. Nenhum conceito é estabelecido para a eternidade, e as idéias não são indesmontáveis. E é como marxista que ele critica o próprio Marx. A interpretação pouco elogiosa, por exemplo, que Marx faz da ação de Simón Bolívar, grande figura da libertação na América Latina no século XIX, não é compartilhada por Che. Inicialmente, pensa que Marx subestima e denigre o alento real que Bolívar trouxe em termos de esperança e de liberdade a milhões de oprimidos, enfrentando para isso os colonos e as fronteiras. Em seguida, Che, como todos os revolucionários do continente, inscreve seu engajamento na filiação histórica dos combates de Bolívar na Venezuela ou na Colômbia, de Martí em Cuba ou de Sandino na Nicarágua. Esses combates têm raízes distantes, enterradas há séculos nas terras da América Latina, que resiste aos assaltos dos conquistadores de ontem e de hoje.

Pior ainda, de acordo com ele, o ponto de vista de Marx e Engels sobre as nacionalidades e as raças na América Latina difunde, em parte, a ignorância, os preconceitos e os estereótipos do clima político da época – uma análise julgada "inadmissível em nossos dias" por Che. Contudo, o que considera erros de julgamento não altera, a seus olhos, o edifício teórico de Marx; pois admite que os revolucionários não tenham necessariamente todas as respostas certas sobre todos os temas. Permite-se mesmo uma dose de prudência, não hesitando em fazer o elogio

6 Discurso de 28 de julho de 1960, in *Oeuvres III*, *Textes politiques*, op. cit., p.25.

surpreendente da improvisação, que favorece, segundo ele, o aprendizado na ação:

> As revoluções ... nem sempre são, ou quase nunca, ou talvez nunca, maduras e previstas cientificamente em seus detalhes, são feitas das paixões, das improvisações de homens em suas lutas pelas reivindicações sociais, elas nunca são perfeitas.[7]

O marxismo é um guia para a ação. Agindo segundo o princípio de realidade, "nenhuma construção será semelhante a outra". Seu marxismo antidogmático, abertamente assumido a partir do início da década de 1960, contrasta fortemente com as concepções sectárias e estreitas ditadas pela burocracia soviética. Por isso, o antidogmatismo de Che não diminui nem relativiza sua adesão fundamental e rigorosa ao pensamento de Marx. Seu marxismo não é de circunstância, e sua admiração é completa, pois se apropria de toda a obra de Marx: dos *Manuscritos econômico-filosóficos* redigidos pelo jovem Marx em 1844, até *O capital* escrito cerca de quinze anos mais tarde. Com olhar crítico, mas uma adesão constante, Che segue na produção de Marx o fio condutor de seu próprio projeto humanista. Encontra afinidades com o jovem Marx, aquele que "pensava a libertação do homem e via o comunismo como solução das contradições que levam à sua alienação".[8] Longe de se desencorajar com os tomos volumosos de *O capital*, Guevara estuda as relações de produção esclarecidas, nos mínimos detalhes, pelo filósofo alemão, como as que unem os homens entre si, como seres sociais. Reencontra aí o sinal das preocupações de "caráter humanista no melhor sentido do termo" que lhe são tão caras.[9] Distinto da versão burguesa ou religiosa, o humanismo de Guevara não tem a pretensão de poder resolver a emancipação dos indivíduos escamoteando a questão das relações de opressão, exploração e luta de classes que atua permanentemente na sociedade. Para ele, o advento do reinado humano só pode conceber-se com uma solução global e revolucionária das desigualdades sociais.

7 "Um pecado na revolução", artigo de 12 de fevereiro de 1962.
8 *Oeuvres III*, *Textes politiques*, op. cit., p.159-60.
9 Ibidem, p.159.

O humano para a revolução

O humano permanece, portanto, a razão profunda da revolução. Mas ele é igualmente o meio, o suporte e o ator da revolução, em cada uma de suas seqüências, antes, durante e depois.

Dessa forma, Che reabilita uma velha idéia marxista, soterrada pelo bloco de concreto ideológico dos partidos da esquerda tradicional, segundo a qual "a emancipação dos trabalhadores será obra dos próprios trabalhadores". Idéia evidente, mas que foi travestida tanto pela social-democracia quanto pelos partidos comunistas stalinistas. A primeira, prisioneira progressivamente do jogo institucional estabelecido, renunciou à mudança da sociedade. Os segundos, pilotados pelos interesses superiores de Moscou, temem os empurrões revolucionários, que, por natureza, perturbam a ordem das coisas, o que não agrada nem aos possuidores nem aos membros do aparelho. Guevara retorna assim às fontes do marxismo e a seu espírito fundador: a humanidade pode doravante interpretar e compreender a marcha do mundo, e pode também transformá-la. As revoluções não são o fruto de uma operação mágica ou de um processo mecânico induzido pela História. Elas não são decretadas. Elas são o resultado da intervenção da humanidade sobre seu próprio destino. Intervenção consciente, individual e coletiva. Os homens não são os peões de forças superiores, em luta umas contra as outras, que os ultrapassariam, opondo a classe dos explorados à dos exploradores. Os homens são, pelo contrário, as "expressões vivas"[10] dessas forças, pois são eles que fazem a história. A passagem de uma sociedade a outra só pode ser assinada pela mão do homem, não cai do céu. Ao não dar mais à "libertação do homem" o alcance "de um ato consciente", e ao subestimar, até mesmo negar ao homem, o "papel de ator consciente da história", os partidos da esquerda clássica perderam finalmente de vista que, "sem essa consciência que engloba a de seu ser social, não pode haver comunismo".[11]

Forma de confissões involuntárias de suas renúncias, esses mesmos partidos censuraram freqüentemente Che por ter militado de maneira voluntarista demais, até mesmo "esquerdis-

10 Ibidem, p.197.

11 Ibidem, p.160.

ta",[12] privilegiando as iniciativas minoritárias em vez das lutas majoritárias de toda a população. Um voluntarismo resumido, segundo eles, pela citação de Che: "O dever de um revolucionário é fazer a revolução!". José Martí dizia, entretanto, já muito antes dele, que "o melhor meio de dizer é fazer!". Essa obviedade guevarista representa verdadeiramente uma advertência contundente para uma esquerda internacional com freqüência à espera, passiva, por vezes cúmplice do sistema capitalista, e sempre atolada em relações institucionais, diplomáticas e eleitoreiras. Che pensa, com efeito, que as atuações de uma minoria podem servir de catalisador, mas só a partir do momento em que esta consegue se federar amplamente. O objetivo reconhecido consiste em decuplicar "a consciência que as massas têm de seu destino, a consciência de uma necessidade e de certa realização dessa possibilidade".[13]

Trabalhar a consciência, suscitar a reflexão e o engajamento da maioria, tal é o objetivo político principal de Guevara. E, para isso, convoca cada um. Para ele, o povo não é uma massa informal, e sim "um ser de facetas múltiplas [que] não é ... uma soma de elementos todos semelhantes, agindo como um rebanho dócil (certos regimes o reduzem a isso)".[14] O povo é "um conjunto consciente de indivíduos que lutam pela mesma causa". O indivíduo, por sua vez, "ator deste drama estranho e apaixonante que é a construção do socialismo", deve ser compreendido "em sua dupla existência de ser único e membro da comunidade".[15] O indivíduo é o "fator fundamental" do "processo [ao longo do qual] o socialismo existe apenas em potência", e deve permanecê-lo durante a própria revolução. "Um ser único, com nome e sobrenome."[16]

---

12 Lembremos de passagem que o termo é pejorativo, visto que foi popularizado inicialmente pela obra de Lenin publicada em 1920: *O esquerdismo – doença infantil do comunismo*, a fim de denunciar as atitudes sectárias no seio do movimento operário. Na época stalinista e pós-stalinista, este termo serve para desacreditar as tendências do movimento operário que contestavam as orientações do Partido Comunista. O termo faz sucesso no fim da década de 1960, quando a contestação da linha "ortodoxa" aumenta no mundo inteiro.

13 *Oeuvres III*, *Textes politiques*, op. cit., p.72.

14 Ibidem, p.279.

15 Ibidem, p.282.

16 Ibidem, p.278-9.

Ernesto Guevara estabelece uma relação complementar entre o coletivo e o indivíduo, o global e o particular, no seio do processo revolucionário. Aconselha a "pensar como massas ... e ao mesmo tempo a agir sempre como indivíduo, sempre preocupado com os próprios atos, sempre preocupado em não sujar o nome, nem o nome da associação à qual pertencemos".[17] Incita a "personalidade" de cada um a "desempenhar um grande papel mobilizador e dirigente".[18]

Guevara refuta assim todo projeto para formatar e normalizar a humanidade. Detecta aí um defeito incompatível com a idéia que faz do comunismo. Cada um deve manter um espírito crítico sobre a marcha das coisas, sobretudo quando esta última avança às cegas, durante a transição de uma sociedade a outra. Nessa ótica, Che não hesita em rebelar-se: em outubro de 1962, critica publicamente a direção da União das Juventudes Comunistas de Cuba por ser "dócil demais, respeitosa demais".[19] Incita-as a "declarar guerra a todos os tipos de formalismo".[20]

De fato, Che coloca a personalidade de cada um no centro do projeto de transformação social, antes e durante as perturbações sociais, passando da ebulição revolucionária à própria revolução. Ora, após ter triunfado num único país, e para atingir seu último objetivo, ou seja, a consolidação durável, esta só pode conhecer um novo alento fazendo no mundo novos aliados à sua causa. É preciso então estender a revolução à escala internacional. Che restabelece no internacionalismo revolucionário sentimentos pessoais. Por "amor à humanidade", em nome de uma "fraternidade que ultrapassa as distâncias e as diferenças", incita os jovens a não "serem limitados pelas fronteiras de um território" e a generalizar a revolução em uma "tarefa ininterrupta".[21] A respeito da guerra norte-americana no Vietnã, impele cada um a "se angustiar neste momento ilógico da humanidade" representado pela "solidão do povo vietnamita".[22] Guevara convida

17 Ibidem, p.109.

18 Ibidem, p.296.

19 Ibidem, p.111.

20 Ibidem, p.117.

21 "O que é um jovem comunista?" In: *Oeuvres III*, *Textes politiques*, op. cit.

22 *Oeuvres III*, *Textes politiques*, op. cit., p.300.

cada homem a pensar como indivíduo sobre o ciclo da revolução, desde o início até sua extensão a todo o planeta.

O humano pela revolução

O vínculo entre o indivíduo e o coletivo permanece, aos olhos de Che, uma relação complementar e dialética. O indivíduo vale tanto para a revolução quanto esta vale para a personalidade de cada um. A sociedade que Che deseja é a "sociedade do homem comunista".[23] E, para construí-la, é "preciso mudar o homem e ao mesmo tempo a base econômica".[24] Criar "o homem novo" não significa que Guevara faça, *a priori*, uma apreciação angelical sobre a "natureza" humana, ou que alimente, mesmo de longe, a vontade de clonar uma humanidade "perfeita". Che não suporta a uniformização do gênero humano, de onde quer que venha. Trata-se, na verdade, de ajudar o homem a libertar-se de todos os entraves a fim de exaltar nele o que há de mais criador e fundador. Na mesma época, Frantz Fanon, psiquiatra antilhano, militante da independência argelina na Frente de Libertação Nacional (FLN), insistia também sobre a necessidade de "soltar o homem". Em comum, ambos apreendem a pessoa humana em sua complexidade, com sua parte de sombra e de luz, e procuram, a partir da espécie humana, capaz do melhor e do pior, construir uma sociedade onde o melhor tomaria a dianteira. Mais do que fazer um julgamento otimista ou pessimista sobre o gênero humano, ambos preferem não idealizar as personalidades realmente existentes, precisamente para manter a possibilidade de fazer emergir um ideal humano novo. Apostar no melhor a partir do real: "O essencial é aproveitar todas as ocasiões ... para tirar o melhor partido de cada personalidade e fazer dela a mais útil para a nação", explica, por exemplo, Che.[25]

Fanon, tanto quanto Guevara, procura canalizar a energia redentora, capaz de libertar cada oprimido e cada explorado, apoiando-se em toda a escala dos sentimentos e ressentimentos

23 Ibidem, p.285.
24 Ibidem, p.283.
25 Ibidem, p.104.

humanos. Uma escala que vai do amor ao ódio. Uma escala cujas contradições Che propõe superar nesta citação: "É preciso endurecer sem jamais abandonar a ternura". Superação cuja imensa dificuldade Che conhece por si mesmo. Numa carta endereçada aos pais, após a partida de Cuba, reconhece que é "extremamente rígido em seus atos" e que "não soube [lhes] expressar sua ternura", embora "os tenha amado muito". É talvez por isso que insiste tanto na necessária qualidade dos sentimentos humanos: "Permitam-me dizer, com o risco de parecer ridículo, que o verdadeiro revolucionário autêntico é guiado por grandes sentimentos de generosidade, é impossível imaginar um revolucionário autêntico sem essa qualidade".[26] Fala até do dever "de idealizar esse amor pelos povos".[27] Entretanto, isso não o impede de evocar o "ódio como fator de luta; o ódio intransigente pelo inimigo, que impele além dos limites naturais do ser humano e faz dele uma eficaz, violenta, seletiva e fria máquina de matar". Acrescentando mesmo: "Nossos soldados devem ser assim; um povo sem ódio não pode triunfar de um inimigo brutal".[28] Com o distanciamento, esse tipo de declaração pode dar frio na barriga. Felizmente, o comportamento efetivo do Che está longe dessa "frieza", como prova a passagem de seu diário da Bolívia: "Prendemos dois novos espiões: um tenente de carabineiros e um carabineiro. Lemos para eles a brochura e foram deixados em liberdade...".[29] Num outro extrato desse documento comovente, Guevara conta como, instalado numa colina dominando a estrada, teve piedade de dois soldados num caminhão que passava. Estavam com frio, enrolados em cobertores: "Não tive coragem de atirar neles...".[30]

A época é marcada pela violência de inúmeras ditaduras, com seu quinhão de torturas, execuções e desaparecimentos. Impõe-se, assim, a violência como tema político essencial, a cada movimento de resistência popular: deve-se usá-la, pelo menos como reação à brutalidade estabelecida? Na obra publicada

26 Ibidem, p.294.
27 Ibidem, p.294.
28 Ibidem, p.309.
29 *El diario del Che en Bolivia*, La Habana: Instituto del Libro, 1968, p.225.
30 Ibidem, p.205.

em 1961, *Os condenados da terra*, que marcou tantas gerações, Frantz Fanon propõe voltar a violência colonizadora contra ela mesma: "Esta práxis violenta é totalizadora, pois cada um faz de si o elo violento da grande corrente, do grande organismo violento surgido como reação à violência primeira do colonialista". Segundo ele, "no plano dos indivíduos, a violência desintoxica. Ela livra o colonizado de seu complexo de inferioridade, das atitudes contemplativas ou desesperadas. ... Ela o reabilita a seus próprios olhos".[31]

Fanon, como Guevara, propõe conter as ambigüidades humanas canalizando-as para um comportamento político que oriente a violência, interiorizada por todos os que sofrem a opressão, contra as correntes que os prendem. A problemática coloca-se de modo diferente no século XXI, em que inúmeras ditaduras militares deram lugar à ditadura do dinheiro. Entretanto, subsiste um ensinamento atual: a ambivalência humana não é um problema, desde que a humanidade se volte para amanhãs emancipadores. O posicionamento de Che, nesse plano, quer ele saiba, quer não, retoma em parte o enfoque libertário e anarquista da participante da Comuna de Paris, Louise Michel, que afirmava desde o fim do século XIX:

> Eu não tenho méritos ..., nem sou um monstro. Todos somos produtos de nossa época, eis tudo. Cada um de nós tem qualidades e defeitos; é a lei comum; mas que importa o que somos, se nossa obra é grande e nos cobre de luz, não se trata de nós no que começamos, trata-se do que será para a humanidade quando tivermos desaparecido.[32]

Mudar o homem para mudar a sociedade, e vice-versa. A consciência individual volta a ocupar seu lugar no projeto revolucionário. Ela não serve de pretexto a uma esquerda que se resignou a mudar de sociedade, dizendo: "É preciso mudar as mentalidades antes de mudar a sociedade". Também não foi apagada da lembrança por um coletivismo centralizador, caricatural e estreito, que pretende que só as mudanças da estrutura

---

31 Frantz Fanon, *Les Damnés de la terre*, p.90.

32 Louise Michel, *Mémoires*, op. cit., p.345-6.

econômica fazem evoluir as mentalidades. Pois o socialismo não é só uma mudança econômica, é também uma profunda revolução moral e cultural, rompendo com o utilitarismo egoísta e mercantil da civilização do capital. A consciência revolucionária só pode desenvolver-se a partir de valores como solidariedade e igualdade.

Um documento apaixonante sobre a evolução das idéias de Che Guevara é a transcrição das discussões periódicas com seus colaboradores do Ministério da Indústria. Vastos extratos de suas colocações estão no mesmo volume, publicado em Havana em 2006, as *Notas críticas ao Manual de Economia Política*[33] soviético. Em uma discussão em dezembro de 1963, o camarada ministro explica:

> O comunismo é um fenômeno de consciência e não só um fenômeno de produção; não se pode chegar ao comunismo pela simples acumulação mecânica da quantidade de produtos postos à disposição do povo. Só se pode chegar ao que Marx define como comunismo ... se o ser humano for consciente.

Efetivamente, a construção do socialismo é inseparável de certos valores éticos, contrariamente ao que proclamam as doutrinas econômicas de Stalin, retomadas por Kruschev e sucessores – que só se interessam pelo "desenvolvimento das forças produtivas". Na entrevista ao jornalista Jean Daniel, em julho de 1963, Guevara indica igualmente, no que já era uma crítica implícita ao "socialismo real":

> O socialismo econômico sem a moral comunista não me interessa. Nós lutamos contra a miséria, mas ao mesmo tempo contra a alienação. ... Se o comunismo ignorar os fatos de consciência, ele pode ser um método de distribuição, mas não é mais uma moral revolucionária.

Se o socialismo pretende lutar contra o capitalismo e vencê-lo no mesmo terreno, o terreno do produtivismo e do consumismo, utilizando as armas dele – a forma mercantil, a concorrência,

---

33 *Apuntes críticos a la Economia Política*, Ocean Press, 2006. Ver também p.103, 112, 140, 175, 192, 215.

o individualismo egoísta –, está condenado ao fracasso. Não se pode dizer que Guevara tenha previsto o fim da URSS, mas teve a intuição de que um sistema "socialista" que não tolera divergências, que não representa valores novos, que tenta imitar seu adversário, que não tem outra ambição a não ser "alcançar e ultrapassar" a produção das metrópoles capitalistas, não tem futuro.

O socialismo, para Che, é o projeto histórico de uma nova sociedade, baseada em valores de igualdade, solidariedade, coletivismo, altruísmo revolucionário, livre discussão e participação popular. Tanto suas críticas – crescentes – ao "socialismo real" quanto sua prática como dirigente e sua reflexão sobre a experiência cubana são inspiradas por essa utopia – no sentido que Ernst Bloch dá a essa palavra, uma "paisagem-de-desejo" – comunista.

A sociedade nova está em construção constante. Ao mesmo tempo que as revoluções avançam, progride a possibilidade para cada indivíduo de se livrar dos vestígios do velho mundo que subsistem necessariamente nas consciências, como o egoísmo, a avidez, o racismo, o sexismo... Para chegar lá, Che propõe fazer da sociedade uma "gigantesca escola". A chave da transformação reside na educação, na instrução, no aprendizado do espírito crítico, na aquisição de conhecimentos e saberes, que Malcolm X compara a armas. A solução encontra-se também na cultura, na criação, na realização na arte, nas atividades cotidianas e mesmo no trabalho, que se torna então "a mais alta dignidade ... e um prazer do homem".[34] O entusiasmo com que Che imagina as capacidades potenciais, inexploradas, em repouso em cada indivíduo, também lembra o de Louise Michel: "O homem futuro terá sentidos novos! Sentem-se despontar no ser da nossa época".[35]

Para Ernesto Guevara, o homem novo é primeiro, para dar o exemplo, o revolucionário consciente, que deve ser irrepreensível e o melhor. Deve ser o "espelho" em que se reconhece a massa ainda não imbuída das idéias da revolução. Aquele que combate e age segundo uma moral revolucionária e valores éticos

34 *Oeuvres III*, *Textes politiques*, op. cit., p.114.
35 Louise Michel, *Mémoires*, op. cit., p.228.

baseados na dignidade e respeito pela vida humana. "A conduta revolucionária é o reflexo da fé revolucionária, e quando alguém se diz revolucionário e não se conduz como um revolucionário, só pode ser um farsante."[36] Sua moral revolucionária, que coloca a humanidade como valor supremo, dita um verdadeiro código de conduta ética. Mais uma vez, conscientemente ou não, o Che se inscreve numa corrente subterrânea do socialismo internacional. Auguste Blanqui, grande figura revolucionária no século XIX na França, embora perfeitamente laico e rejeitando o enfoque religioso, evocava uma "fé revolucionária" capaz de suscitar "o entusiasmo pela liberdade [no seio] do povo que não obedece [mais] então a vis interesses de dinheiro, mas às mais nobres paixões da alma, às inspirações de uma moralidade elevada".[37] Rosa Luxemburgo, socialista revolucionária alemã, no início do século XX, concedia à moral revolucionária um lugar importante no combate e debate de idéias. Quanto a José Carlos Mariátegui, fundador do marxismo latino-americano no começo do século XX, não concebia o engajamento revolucionário sem espírito romântico, sem o arrebatamento de uma vontade apaixonada e heróica ou sem adesão a uma mística revolucionária. No livro póstumo *Defensa del marxismo* (1930), dedica várias páginas à "função ética do socialismo", republicadas em Cuba no primeiro número da revista *Tricontinental*. Estas concluem: a ética socialista "não surge mecanicamente do interesse econômico, ela se afirma na luta de classes, travada com um espírito heróico, uma vontade apaixonada".

Será que nessas linhas Che se inspira na tradição socialista impregnada de romantismo? Difícil dizer. Mas, dando ao socialismo que deseja construir esse alcance ético, ele rompe radicalmente com a versão ortodoxa e glacial do "socialismo real" dos países do Leste. Do mesmo modo, sua concepção ética continua sendo, a título póstumo, a melhor resposta a todos os seus difamadores, que procuram, muitos anos mais tarde, fazê-lo passar por "sanguinário". Sim, Che matou durante a guerrilha e durante a Revolução. Dirigiu uma luta armada, como coman-

36 "Une faute dans la révolution", *Verde Olivo*, 12 de fevereiro de 1961.

37 "Discours à la Société des Amis du Peuple", 2 de fevereiro de 1832. In: *Auguste Blanqui, Textes choisis*, Paris: Éditions sociales, 1971, p.93.

dante, para derrubar a ditadura de Batista. Sim, em vez de se refugiar atrás de subalternos, dirigiu ele próprio as execuções de carrascos e dirigentes do regime de Batista nas primeiras horas da revolução. Pode-se lamentar essa justiça revolucionária, mas nada permite compará-la à depuração política stalinista. Cada libertação encontra esse dilema. A libertação da França em 1944 e 1945 deixou como saldo a execução de milhares de colaboradores. Os sandinistas na Nicarágua, por sua vez, preferiram anistiar os pistoleiros da ditadura de Somoza. Sua generosidade exemplar não foi recompensada: numerosos ex-membros da Guarda Nacional somozista, libertados, juntaram-se aos Contra, força contra-revolucionária inteiramente armada pelos Estados Unidos, que multiplicou as execuções entre os civis.

Todos os testemunhos da época, provenientes dos dois campos, concordam quanto ao fato de que Che sempre teve o maior respeito pela vida, opondo-se às execuções sumárias e combates inúteis. Ernesto Guevara condenava também de maneira explícita o terrorismo: "O atentado e o terrorismo cego não devem ser usados".[38] Proclamava regularmente a seus companheiros, para impedir as matanças gratuitas: "Não somos como eles". Tratava dos prisioneiros e dava ordens estritas para estabelecer "a maior clemência": "Sem prisioneiros quando não há grandes bases operacionais ou lugares pouco acessíveis: os sobreviventes devem ser libertados, os feridos tratados de todas as maneiras possíveis".[39] Che lamentava publicamente o caráter extremo da condenação à morte. Aliás, não participava dos tribunais militares. Organizar "legalmente" as execuções, com tribunais, era, a seu ver, o melhor meio de evitar os apedrejamentos em massa. Com a distância que nos separa dos acontecimentos, uma coisa é lamentar a aprovação filosófica de Che do uso da pena capital, mesmo que provavelmente a contragosto. Por nosso lado, rejeitamos esse princípio. Outra coisa é fazer passar Guevara por carrasco e assassino. Seus difamadores terão dificuldade para lhe criar um dossiê judiciário.

---

38 *Textes militaires*, citado por Philippe-Charles em *L'Héritage du Che, um point de vue antillais*, Montreuil-sous-Bois: Éditions Travées, p.67.

39 "Guerre de guérilla". In: *Textes militaires*, op. cit., p.41.

Por isso, não reconhecer limites à ação do Che equivaleria, para os que recorrem ainda a suas idéias, a eliminar a coluna vertebral do pensamento "guevarista": o espírito crítico. Seus defeitos aninham-se certamente no âmago de suas qualidades. É, por exemplo, de notoriedade pública que Che exigia o máximo da própria conduta. Recusava tudo o que pudesse de perto ou de longe se aparentar a um favorecimento, quer se tratasse de remuneração, comida, alojamento ou cuidados médicos. Impunha a si mesmo a mais severa exemplaridade perante os outros. Ora, a moral revolucionária que Che seguia de maneira disciplinada e rigorosa podia às vezes revestir-se de um discurso vanguardista hiper-seletivo, frisando o elitismo. Em seu *Diário da Bolívia*, por exemplo, Che declara:

> Este gênero de luta nos dá a ocasião de nos tornarmos revolucionários e atingirmos um grau mais elevado da espécie humana, mas essa luta também nos permite nos tornarmos homens, que aqueles que não se sentem capazes de atingir nenhuma destas duas condições o digam e abandonem a guerrilha.[40]

As condições extremas da guerrilha explicam evidentemente o caráter implacável de tais colocações. Entretanto, a fronteira entre o projeto político e as obrigações militares parece tênue. Onde pára o homem novo e onde começa o super-homem? Essa ambigüidade deixa, aliás, pouco lugar à "mulher nova". Embora consciente das "manifestações de discriminações" contra as mulheres dentro do próprio partido revolucionário, e convencido da necessidade da libertação "total" e "interior" das mulheres, Che sofria a contragosto o "peso de uma tradição", vinculado ao que chamava "este passado que continua a nos pesar".[41] Uma zona de sombra política que coloca igualmente o problema espinhoso da organização democrática dos movimentos de guerrilha. O contexto da guerra proíbe evidentemente deliberações sistemáticas em assembléias regulares que controlariam assim de A a Z o conjunto das decisões da direção militar. O equilíbrio entre a eficácia e a democracia no seio da luta armada permanece

---

40 Citado por Paco Ignacio Taibo II, *Ernesto Guevara, connu aussi comme le Che*, t.2, p.393.

41 *Oeuvres III*, *Textes politiques*, op. cit., p.140.

atual. A busca desse equilíbrio é bastante bem resumida pela divisa do Exército Zapatista de Libertação Nacional (EZLN), que se levantou em 1º de janeiro de 1994 em Chiapas: "Cada um obedece comandando".

Da mesma maneira, a concepção sacrificial que Che tem do engajamento militante no trabalho, na família ou no combate, dá lugar a um debate legítimo. É claro que esse enfoque só deve ser considerado na situação precisa dos acontecimentos de que Guevara participa: um conflito iniciado por um punhado de homens perseguidos por milhares de soldados da ditadura de Batista, depois o combate travado por uma pequena ilha, Cuba, contra seu pior inimigo, os Estados Unidos, situados a algumas dezenas de quilômetros. Contrariamente a toda concepção suicida, ele dá a esse engajamento sacrificial um sentido de vida. E mesmo de sobrevivência, impelindo cada um a ir buscar em seu âmago uma energia nova a fim de decuplicar as possibilidades pessoais. Mas, posta em uma situação de crise extrema, a idéia de sacrifício pode também tomar formas dificilmente controláveis. Durante a crise dos mísseis em outubro de 1962, por exemplo, os povos do planeta pararam de respirar durante as longas horas do ultimato lançado por Kennedy a Kruschev para obter a retirada dos mísseis soviéticos instalados secretamente em Cuba. Meses mais tarde, Che diz:

> É o exemplo espantoso de um povo que está pronto a se imolar pelo átomo para que suas cinzas sirvam de cimento a sociedades novas e, no momento em que o faz, um pacto decide a retirada dos mísseis atômicos sem que ele tenha sido consultado, e o povo não suspira de alívio.[42]

Está claro que o excesso voluntário nas colocações de Che, preconizando habitualmente "evitar todo sacrifício inútil", procura primeiro denunciar a confiança cubana traída pela URSS. Com efeito, a potência soviética decidiu, durante a crise, todas as operações sem o conhecimento do governo revolucionário de Cuba. Porém, nada justifica a hipótese do sacrifício coletivo

42 Artigo "Tática e estratégia da revolução latino-americana", publicado em Cuba após a morte do Che, citado por Paco Ignacio Taibo II. In: *Ernesto Guevara, connu aussi comme le Che*, t.2, op. cit., p.80.

de um povo, nem a utilização de armas nucleares, bárbaras por excelência, maciçamente mortíferas para os povos. Che, criança, já compreendera, após Hiroshima e Nagasaki, que os átomos, em seus cataclismos, não distinguem, entre suas vítimas, oprimidos e opressores.

O pensamento de Guevara conhece limites. Ele é em parte incompleto e inacabado. Porém, estimulado pela urgência dos tempos em que evoluía, seu pensamento político, orientado para um objetivo humanista revolucionário, volta a dar à individualidade um lugar central no projeto socialista. Guevara não entrega esse tema ao capitalismo, que só trata das ambições pessoais de modo egoísta. A sociedade capitalista cria aspirações individuais na maioria, sem jamais lhe permitir satisfazê-las. Essa contradição entre o capital e o indivíduo só resiste à custa de uma alienação que Che denuncia: "O homem alienado está ligado à sociedade como um todo por um cordão umbilical invisível: a teoria do valor. Ela domina todos os aspectos de sua vida, modelando seu caminho e seu destino".[43] Contra o egoísmo de uma sociedade regida pela "lei da selva, onde só o fracasso dos outros permite o sucesso",[44] Che considera a realização do "homem futuro" por meio da "estreita dialética que existe entre cada indivíduo e a massa".[45] A libertação individual se efetua tanto mais que a obra é coletiva e solidária. Nesse momento, o homem novo "atinge a consciência total de seu ser social, a plena realização como criatura humana". "Para que o homem volte a tomar posse de sua natureza, é preciso que o homem-mercadoria deixe de existir."[46] "O homem começa a libertar seu pensamento da angústia devida à exigência de satisfazer suas necessidades imediatas pelo trabalho. Ele começa a se reconhecer em sua obra e a compreender sua grandeza humana."[47] No célebre texto O *socialismo e o homem em*

---

43 *Oeuvres III*, *Textes politiques*, op. cit., p.281; Le Socialisme et l'Homme à Cuba, in *Justice globale*, Mille et une nuits, 2007, p.38.

44 Ibidem, p.282; Le Socialisme et l'Homme à Cuba. In: *Justice globale*, op. cit., p.39.

45 Ibidem, p.281; Le Socialisme et l'Homme à Cuba. In: *Justice globale*, op. cit., p.38.

46 Ibidem, p.287; Le Socialisme et l'Homme à Cuba. In: *Justice globale*, op. cit., p.47.

47 Ibidem, p.287.

Cuba, Che reivindica mais riquezas para cada indivíduo, riquezas que não se contam nem em "salário", nem "em quantidade de belas coisas importadas", nem "em quilos de carne consumida".[48] Fala da riqueza humana. Freqüentemente abandonada pelo movimento revolucionário, durante o século XX, exceto por certas correntes libertárias, Ernesto Guevara disputa assim a noção de individualidade com a sociedade capitalista, que tem a pretensão de ter feito dela seu estandarte e sua marca registrada. Ora, a liberdade concedida pelos capitalistas também nessa área é apenas ilusão. Uma ilusão combatida pelo marxismo durante muito tempo no próprio terreno do individualismo, antes que esse fosse eliminado pelos manuais soviéticos. Antonio Gramsci (1891-1937), grande figura marxista italiana, não criticava o individualismo em si, mas censurava-lhe ter se tornado "anti-histórico" sob o capitalismo, "só se manifestando na apropriação individual da riqueza". Polemizando com o pensamento católico da época, acrescentava: "Se se tornou impossível que todo o mundo seja possuidor, por que seria antiespiritual procurar uma forma de propriedade em que as forças materiais completariam todas as personalidades e contribuiriam para constituí-las?". A "natureza humana não está no indivíduo e, sim, na unidade do homem e das forças materiais".[49] Considerações visionárias que, meio século mais tarde, ganham nova atualidade graças ao aporte humanista de Ernesto Guevara.

---

48 Le Socialisme et l'Homme à Cuba. In: *Justice globale*, op. cit., p.56.

49 Antonio Gramsci, *Oeuvres choisies*. Paris: Éditions sociales, 1959, p.59.

CAPÍTULO 3

REVOLUÇÃO SOCIALISTA OU CARICATURA DE REVOLUÇÃO?

Ernesto Che Guevara não é um moralista sonhador, um utopista fora da realidade. Seu ideal humano e fraterno de uma sociedade comunista autêntica acompanha uma análise lúcida, concreta e realista da situação econômico-social, política e militar da América Latina, como dos outros continentes explorados pelo imperialismo.

De fato, o pragmatismo de Ernesto Guevara não é o realismo dos tempos modernos, muito em voga atualmente na classe política e que serve, sobretudo, de pretexto para não perturbar a ordem social. Seu pragmatismo não consiste em se adaptar à realidade existente, mas, ao contrário, em apreendê-la como esta é com o objetivo de mudá-la radicalmente. O pensamento de Che não opõe moral e política. Seu pragmatismo não exclui certa dose de utopia, a partir do momento em que a utopia consiste em manter desperta, permanentemente, a imaginação necessária à construção de uma sociedade nova. Guevara tem a cabeça cheia de sonhos, e a cabeça bem firme sobre os ombros. Sua relação com o poder, problemática existencial dos revolucionários, comprova isso. Participou do governo de Cuba desde 1959 sem jamais abandonar sua desconfiança instintiva em relação ao sistema institucional. Também soube deixar o governo e continuar o combate político por outras vias. A política cresce depressa rente ao chão, em contato com as classes populares. E morre freqüentemente nos corredores dos ministérios.

Hoje, o cinismo na política parece vencer. Certos partidos do movimento operário aprenderam a gerir lealmente os negócios do capitalismo, de alternância em alternância. De acordo com eles, a esquerda estaria doravante dividida em dois campos: os que aceitam participar do poder e os que se recusam a isso por princípio. Os que "põem a mão na graxa" e os que se condenam à impotência política e à oposição estéril. Quarenta anos depois de 1967, a experiência de Che permanece um contra-exemplo de esperança, que põe em dificuldades uma teoria utilizada com demasiada freqüência para justificar as renegações da esquerda. Com efeito, ela prova que a independência reivindicada em relação ao poder e a ação dentro de um governo, revolucionário e cubano neste caso, não são incompatíveis. Ela permite, por isso mesmo, reconstituir a verdadeira natureza da clivagem que cinde a esquerda há muito tempo a respeito do exercício do poder: de um lado, os que querem sempre mudar de sociedade e, de outro, os que se amoldam ao sistema vigente. Para Che, o debate não é, portanto, saber abstratamente se é preciso, em si, participar de qualquer governo. A verdadeira questão é: participar para fazer o quê, sobre quais bases, para construir que gênero de poder e, sobretudo, qual sociedade? Perder a alma à frente de um Estado ainda nas mãos dos opressores ou fazê-lo cair para construir um poder socialista, pelo povo e para o povo?

A história da vida política de Che continua a ser, em nossos dias, um remédio eficaz que cura a morosidade, a resignação e a fatalidade que poluem o ar do tempo. Uma vida política curta e apressada, quinze anos apenas, dos quais dez dedicados à luta armada pela revolução e cinco passados na direção do poder revolucionário cubano na função de ministro. Participando do poder sem se agarrar a ele, Che é um caso à parte no movimento revolucionário do século XX. Seu percurso, condensado, sintetiza todas as grandes problemáticas estratégicas que dilaceraram o movimento operário desde as origens: é preciso tomar o poder e, em caso afirmativo, como não ser tomado por ele?

O enfoque de Guevara evita dois obstáculos. Rejeita primeiro toda cumplicidade com o Estado dirigido pelas classes dominantes, porque isso conduz inelutavelmente a deixar-se enquistar e digerir por um Estado que permanece o da velha sociedade. Che é duro a esse respeito:

> Para obter a permissão de jogar esse jogo perigoso, é preciso provar que se é ajuizado, que não se é perigoso, que não viria à cabeça de ninguém atacar quartéis ou trens, explodir pontes ou fazer justiça a matadores ou torturadores, nem se sublevar nas montanhas, nem expressar de modo firme e decisivo a afirmação única e violenta da América: a luta final para sua salvação.[1]

Dá assim um "chute no balde", e seu conteúdo espirra ao mesmo tempo nos partidos social-democratas e nos inúmeros partidos comunistas stalinistas atolados em governos de união nacional.

Por isso, Guevara não compartilha a exterioridade do ponto de vista libertário, mais exatamente anarquista, que recusa toda forma de governo centralizado. Che não pensa que os explorados possam mudar a sociedade sem arrancar o poder das mãos dos que os exploram. "Para conquistar alguma coisa, devemos tirá-la de alguém ... O que nós devemos conquistar, a soberania do país, devemos tirá-la de alguém que se chama o monopólio",[2] explica ele. Acrescentando:

> O povo não pode nem sonhar com soberania se não existir um poder que responda a seus interesses e aspirações; o poder popular não significa só que o Conselho de Ministros, a polícia, os tribunais e todos os órgãos do governo devem estar nas mãos do povo; significa também que os órgãos econômicos devem passar para as mãos do povo. O poder revolucionário, ou a soberania política, é o instrumento da conquista econômica para que a soberania nacional seja plenamente realizada.[3]

Tomar o poder

É primeiro em reação à ineficácia do reformismo que Che chega a tais conclusões. A estratégia reformista pretende poder aplicar medidas em pequenas pinceladas, de maneira lenta e

1 *Oeuvres III*, *Textes politiques*, op. cit., p.85.
2 Ibidem, p.15.
3 Ibidem, p.11.

progressiva, sem perturbar a ordem social *a priori*. Che descobre, com base no balanço trágico do golpe de Estado guatemalteco que derrubou o governo de Jacobo Arbenz, em 1954, que esse procedimento, mesmo quando é sincero, está fadado ao fracasso. Com efeito, ele não prepara o povo para proteger sua emancipação da reação violenta da minoria que se apropriou das riquezas produzidas pelo trabalho da maioria e que se sente subitamente ameaçada. Ele deixa o poder econômico nas mãos dos mesmos: aqueles cujos privilégios temem como a peste a menor reforma, se ela for um pouco audaciosa. É o caso da reforma agrária, que consiste em tirar a terra dos mais ricos para redistribuí-la aos que nela trabalham. Favorável a esse tipo de reformas, Che conclui que é ilusório pensar impô-las sem uma mudança global e revolucionária de toda a sociedade, desde as estruturas econômicas até as do poder. Na Guatemala, ele constata o fracasso do reformismo e volta-se para o campo da revolução. Resumindo seu percurso, diz: "Nasci na Argentina, lutei em Cuba e tornei-me revolucionário na Guatemala".[4] Tanto mais que Che assume logo que os acontecimentos de 1954 só constituem um episódio entre tantos outros, uma dessas páginas tão abundantes na história da humanidade que se bate por seus direitos. Repetição inútil do passado, mesmo que em memória da Comuna de Paris em 1871; e sinistra repetição das horas sombrias que ainda aguardam a América Latina, especialmente no Chile, em 1973. Os mesmos demônios para as mesmas conclusões: sem defesa, o povo, quando se levanta lealmente para exigir mais riquezas e mais poder, termina sempre reprimido e massacrado. No muro dos Federados, no cemitério do Père-Lachaise, em Paris, sob a metralha dos versalheses, ou no estádio de Santiago pelas milícias de Pinochet.

Aqueles que apresentam Guevara como um desesperado que só aspira a morrer de armas na mão retiveram dele só a boina militar, esquecendo o que fervia embaixo: suas idéias revolucionárias. A luta armada é um meio, e o melhor instrumento, para conseguir transformar a sociedade, *nas condições políticas precisas em que ele evolui na América Latina na época*. A luta armada não é necessariamente a pedra angular do combate revolucionário. Ao contrário, Che pensa que só se deve pegar em armas como

4 Andrew Sinclair, *Guevara*, Paris: Seghers, 1970, p.5.

último recurso, uma vez esgotadas todas as outras soluções. A seu ver, a dose de violência ou de pacifismo de uma revolução não depende dos revolucionários, ela é proporcional ao grau de resistência das forças reacionárias que se opõem ao nascimento da nova sociedade. Para Che, os revolucionários não entram obrigatoriamente em luta tornando-se fanáticos do gatilho. Não exclui, aliás, a possibilidade de uma transição pacífica a partir do momento em que essa "não é a obtenção de um poder formal por meio de eleições graças a movimentos de opinião pública sem combate direto", mas ela deve tender à "instauração do poder socialista, com todos os seus atributos, sem utilização da luta armada". Para ele,

> é lógico que as forças progressistas não sejam todas obrigadas a tomar o caminho da revolução armada, e que elas utilizem até o último momento a possibilidade da luta legal dentro das condições burguesas.[5]

Nos *Textos militares*, Che leva mais longe o raciocínio:

> Quando um governo chegou ao poder por uma consulta popular, fraudulenta ou não, e mantém uma aparência ao menos de legalidade constitucional, o germe da guerrilha não pode sair da casca, pois nem todas as possibilidades da luta legal foram esgotadas.[6]

Ele imagina até "em situações especiais de crise" que "a luta pacífica possa ser conduzida por movimentos de massa", "obrigando os governos a ceder o poder" e permitindo "às forças populares ocupar o poder". Os revolucionários devem antes de tudo determinar as modalidades de seus combates em função das condições específicas com as quais são confrontados. As da América Latina, continente às voltas com regimes ditatoriais ferozes apoiados diretamente pelos Estados Unidos, oferecem pouca margem de manobra à luta pública e legal. "Nossa resposta é categórica: na maior parte dos casos, [esta luta] não é possível."[7]

5 *Oeuvres III, Textes politiques*, op. cit., p.77.
6 *Textes militaires*, op. cit., p.28.
7 *Oeuvres III, Textes politiques*, op. cit., p.74.

No melhor dos casos, os revolucionários chegam só formalmente ao poder, sem autoridade na área econômica. Assim, ele deduz dessa especificidade:

> Embora não se deva excluir que a mudança comece pelo processo eleitoral, as condições que prevalecem em todos os países [da América Latina] tornam essa possibilidade muito remota.

Obcecado pela experiência guatemalteca, a impotência seguida de rendição total do governo de Arbenz, ele se interroga sobre as chances de sucesso dessa estratégia "legalista":

> Quando nos falam de conquistar o poder por um processo eleitoral, nossa pergunta é sempre a mesma: se um movimento popular se apoderar do governo recebendo amplo voto popular e decidir começar as grandes transformações sociais que formam seu programa, não entrará imediatamente em conflito com as classes reacionárias do país? O exército não foi sempre o instrumento dessas classes? Se for assim, é lógico supor que o exército ficará do lado da sua classe e tomará parte na luta contra o novo governo. Por um golpe de Estado mais ou menos sangrento, o governo pode ser derrubado e o velho jogo recomeça *ad aeternam*.[8] Santiago do Chile, 11 de setembro de 1973.

A via política que Guevara abre assim na América Latina rompe com o pacifismo covarde de uma parte da esquerda latino-americana, mas também se opõe resolutamente ao aventureirismo e ao militarismo, pois não se trata de fazer guerra pela guerra. No ensaio *Guerra de guerrilha, um método*, Guevara resume seu estado de espírito citando de novo Martí:

> Aquele que desencadeia uma guerra evitável num país é criminoso, mas é também criminoso aquele que não desencadeia uma guerra inevitável.

Aos olhos de Che, a guerrilha se tornara inelutável na maioria dos países do continente. Importa então prepará-la ativamente e estendê-la ao conjunto desses países, que ele compara a um "vulcão" cujos estrondos podem anunciar novas erupções

8 Ibidem, p.69.

revolucionárias, embora haja poucos catalisadores eficazes que as suscitem.

Esse catalisador, para Che, é a guerra de guerrilha. Trata-se de organizar vários focos de luta armada, sobretudo nas zonas rurais e montanhosas, fomentados por grupos de guerrilheiros. Che inspira-se nas lutas armadas na América do século XIX e do início do século XX, conduzidas por Bolívar, Sandino ou Zapata. Informa-se sobre os métodos da Guerra Civil Espanhola em 1936. Está a par das novas guerrilhas, surgidas das entranhas da Segunda Guerra Mundial, as dos *partisans* na Europa, ou dos anticolonialistas na Argélia, África ou Ásia.

Ele aposta primeiro na guerrilha rural. Pensa que é no campo que se encontra a quantidade, que é na miséria da condição camponesa que dorme uma revolta explosiva, prestes a brotar sob o peso da opressão e da superexploração que perduram há séculos. É nessas zonas libertadas progressivamente que a reforma agrária deverá ser aplicada com prioridade, sob o controle das primeiras estruturas revolucionárias. Na guerra revolucionária, a guerrilha permite adquirir esse tipo de posições de um ponto de vista político, militar, econômico e cultural, ou seja, outros tantos pontos de apoio para ganhar a guerra em seu conjunto, principalmente nas cidades. A partir desses focos de guerrilha, Che pensa que o combate global pode cristalizar-se e ganhar a adesão das forças populares. Poderes alternativos aparecem perante o poder central e tornam mais visível ainda a dualidade de poder que emerge, entre a nova sociedade que nasce e a antiga, condenada a desaparecer. Muitas críticas foram formuladas sobre a concepção de guerrilha de Che, o "foquismo". Algumas são pertinentes, outras menos.

É, sem dúvida, verdadeiro que Che subestima, por exemplo, o papel político das cidades, supervalorizando o lugar político do campesinato. Não denigre, porém, os combates operários, longe disso. Entretanto, todo o seu esquema político repousa, em termos de energia e de preocupações políticas, sobre esses núcleos compostos de guerrilheiros. Ora, o preço a pagar é freqüentemente elevado para instalar estes últimos em zonas rurais afastadas, a despeito da perseguição dos militares. O custo dessa implantação rural prioritária equivale às vezes a perder o contato com a rede militante das cidades, contudo essencial. A classe operária que aí se encontra é por certo minoritária em número, mas muito presente. Também ela é combativa e, seja como for, primordial para derrubar o capitalismo. Sem sua implicação na luta, o desenlace é quase previsível. A idéia, por exemplo, segundo a qual a cordilheira dos Andes pode tornar-se a Sierra Maestra de toda a América Latina nada tem de absurda. Com a condição de não negligenciar as realidades de cada país, mais ou menos urbanizados, e de não relativizar a importância da atividade pública a efetuar junto às massas exploradas nas minas, cidades e empresas.

Ele mesmo só concebia a guerrilha como o início de um necessário movimento de massas. No texto *Guerra de guerrilha, um método*, é inequívoco:

> Aqueles que querem fazer uma guerrilha, esquecendo a luta de massas, como se se tratasse de lutas contrárias, devem ser criticados. Somos contra essa posição. A guerra de guerrilha é uma guerra do povo, ou seja, uma luta de massas. Pretender fazer a guerra de guerrilha sem o apoio da população é ir ao encontro de um desastre inevitável. A guerrilha é a vanguarda combatente do povo ... apoiada na luta de massas dos camponeses e dos operários da área e de todo o território em que ela se encontra. Sem essas condições, não se pode admitir a guerra de guerrilha.

Apresentar Che como um solitário partindo sozinho e armado ao assalto dos poderosos nada tem de desonroso, mas permanece uma visão teórica. Che pensa a guerrilha como um meio de desencadear um movimento amplo e majoritário.

Nessa perspectiva, ele reconhece igualmente a centralidade da posição ocupada pela classe operária. Como marxista, sabe que, considerando seu lugar indispensável na produção, esta, mesmo sendo minoritária, pode bloquear as engrenagens do sistema a qualquer momento. Assim, ele dá extrema atenção à construção de um movimento de massa urbano. Os conflitos que o opõem aos quadros urbanos do movimento 26 de Julho, chamado "rede da planície", durante a Revolução Cubana, mostram o interesse que ele tem pelas mobilizações da cidade. Pois, se as critica por subestimarem o papel da guerrilha rural, critica-as, sobretudo, pela falta de preparação, de organização, e por suas práticas às vezes sectárias. Che sabe que os erros do movimento revolucionário na cidade são tanto mais inaceitáveis quanto a repressão é terrível se falharem as tentativas de greve geral. É o triste balanço das duas greves abortadas na Cuba de Batista: a primeira, espontânea, em agosto de 1957, e a de 9 de abril de 1958, respondendo ao chamado, em cima da hora, unicamente das redes de rádio revolucionárias. Ao contrário, o sucesso da greve geral insurrecional de 1º de janeiro de 1959 deu o golpe de misericórdia na ditadura, o que nenhuma vitória militar teria obtido em seu lugar. Che sabe disso e inscreve-se, nesse plano, na velha tradição do movimento operário que concede à greve geral insurrecional um alcance estratégico crucial na tomada do poder pelo povo: "um fator primordial da guerra civil".[9] A tomada do poder representa portanto, para Guevara, uma etapa necessária que não se deve empreender à força, mas a partir de um amplo movimento revolucionário majoritário, suscitado nas zonas rurais e também nas cidades, a partir da atividade armada conduzida pela guerrilha. Foi o que ocorreu em Cuba. Na Bolívia, em compensação, parece ter predominado em sua tentativa uma visão mais estreita e mais militar do combate.

Não se deixar tomar pelo poder

Che participa da tomada do poder e de seu exercício, como chefe do Departamento das Indústrias do Instituto Nacional de Reforma Agrária, como presidente do Banco Nacional e como ministro da Indústria de 1959 a 1964. É membro do governo revolucionário. Empenha-se nisso com vontade. Engaja-se plenamente nas decisões, vai a campo para observar as conseqüências das medidas tomadas, toma parte nas polêmicas públicas a respeito das escolhas a fazer em matéria de finanças, economia, política ou indústria. Mas seu engajamento nunca lhe deu a embriaguez do poder.

Che mostra-se extremamente rigoroso consigo mesmo e recusa tudo o que poderia aparentar-se a um conforto ou a um privilégio ligado à função que ocupa. Ele impõe a si mesmo, assim como a seus próximos, jornadas de trabalho voluntário, nota-

9 *Textes militaires*, op. cit., p.34.

damente nas lavouras de cana-de-açúcar, a fim de participar, da mesma maneira que os anônimos do povo, das tarefas coletivas. Pois Che recusa-se a dormir sobre os louros; rapidamente, sente chegar o peso do poder que corta progressivamente o fôlego da revolução. A Peter Marucci, editor do *Telegraph* no Canadá, escreve:

> Permita-me confessar-lhe, em nosso país, a burocracia é sólida e bem ancorada, ela absorve os papéis, choca-os durante algum tempo e os faz chegar a seu destinatário. Nós copiamos mecanicamente as experiências de países irmãos e é um erro, não muito grave, mas é um erro que freia o livre desenvolvimento de nossas forças e contribui perigosamente para um dos fenômenos que devem ser fortemente combatidos numa revolução socialista: a burocracia.[10]

Depois, a partir de 1963, Che luta contra um burocratismo cujo advento ele analisa de um ponto de vista não mais unicamente administrativo, mas político, a tal ponto o fenômeno parasita progressivamente as engrenagens do Estado. Opera-se todo um deslizamento da sociedade revolucionária. Che observa e denuncia isso. As Organizações Revolucionárias Integradas (ORI), primeira etapa para o partido único, perdem "seu papel de motor ideológico – e de controle de todo o aparelho de produção – e tornam-se um aparelho ideológico".[11] As estruturas de base da revolução, os Conselhos de Defesa da Revolução (CDR), que deviam inicialmente assegurar o ímpeto da revolução, tornam-se um "abrigo de oportunistas, antipáticos ao povo". Inquieto com o tamanho do desvio, termina o artigo com esta palavra de ordem: "Guerra ao burocratismo. Flexibilidade do aparelho de Estado".[12]

Às vezes, Che parece limitar-se a combater o burocratismo porque é um mau método de gestão, muito centralizado e rígido. Mas, progressivamente, toma consciência do perigo de burocratização da revolução cubana, em virtude do monopólio do

10 Paco Ignacio Taibo II, *Ernesto Guevara, connu aussi comme le Che*, t.2, op. cit., p.109.

11 *Oeuvres III, Textes politiques*, op. cit., p.134.

12 Ibidem, p.127.

poder por uma casta privilegiada. É provável que essa rejeição da burocracia, ao se reforçar, constitua um motivo suplementar de discórdia com a URSS, reino dos burocratas de aparelho.

Ao sair do poder em Cuba, Che deixa uma frustração política. Sua concepção antiburocrática e igualitária não encontrou realização teórica. Pois, visceral e instintivamente hostil à burocracia, ele não soube ou não pôde inventar os antídotos que procurou, contudo, para acabar com essa praga. Tateando, ele preconiza, por exemplo, uma participação mais consciente de cada indivíduo e do povo em todas as engrenagens da revolução para servir de contrapeso. Imagina colocar os melhores nos cargos mais importantes, esperando fazer seguidores, lamentando que,

> graças a verdadeiras acrobacias, indivíduos sem experiência e sem mérito se achem colocados em cargos de direção unicamente por se terem adaptado à situação.[13]

À juventude comunista, propõe romper com um modelo vertical e unilateral que "não tem sistema de retorno para relatar as comunicações das bases" e espera "uma troca mútua e constante de experiências, idéias e diretrizes".[14]

Che dá a impressão de avançar na reflexão sem nunca atingir o alvo. Quando pensa num mecanismo de controle para acelerar o movimento das decisões, concebe-o a partir de cima, e raramente de baixo. Ora, perante a burocracia, só o controle permanente e democrático do conjunto das decisões pela população pode constituir uma proteção. Tomar o máximo de decisões possíveis localmente, nos bairros e nas empresas, em assembléias regulares, resta o melhor modo de evitar a apropriação das decisões por uma camada social que acaba gozando desse privilégio. Manter a possibilidade de revogar os escolhidos como representantes em assembléias, para decidir tudo o que não pôde ser decidido localmente, permite evitar toda tentativa de institucionalização. Proibir o acúmulo de mandatos, não dar a possibilidade de exercer mais de dois ou três durante a vida, com remuneração equivalente ao salário médio da população, é proteger-se contra

13 Ibidem, p.134.
14 Ibidem, p.113.

a profissionalização e aceitar enfim ver o povo sentar-se em bancos onde nunca é visto. O sufrágio universal não é o inimigo da democracia direta, o pluripartidarismo e a liberdade de imprensa não são os inimigos das revoluções – como provou, por exemplo, a Comuna de Paris –, mas sim dos burocratas. Só após partir de Cuba é que Che, nas *Notas críticas sobre o Manual de Economia Política* de 1966, esboça em grandes linhas a perspectiva de um planejamento democrático da economia.[15]

A doutrina da revolução por etapas

Seu conceito de revolução constitui uma inovação radical em relação aos conceitos hegemônicos, desde o fim da década de 1920 até 1960, na esquerda marxista na América Latina. Ele reata, em compensação, com o primeiro período do marxismo latino-americano, o dos "grandes ancestrais": Julio Antonio Mella, o fundador do comunismo cubano, ou José Carlos Mariátegui, o primeiro grande pensador marxista do continente, que escrevera em 1928 estas palavras proféticas:

> À América do Norte capitalista, plutocrática, imperialista, só é possível opor eficazmente uma América, latina ou ibérica, socialista. A época da livre concorrência na economia capitalista acabou em todas as áreas e sob todos os aspectos. Estamos na época dos monopólios, ou seja, dos impérios. Os países latino-americanos chegaram atrasados à competição capitalista. Os primeiros lugares estão definitivamente marcados. O destino destes países, na ordem capitalista, é o de simples colônias.[16]

É exatamente o caminho inverso ao proposto por Mariátegui que vão tomar, depois de sua morte, em 1930, os partidos comunistas latino-americanos –, um caminho que os conduzirá a um impasse, apesar do devotamento, da coragem e do espírito de sacrifício de numerosas gerações de militantes. Não há dúvida de que uma das razões de seu fracasso histórico é a compreensão

15 Ver o capítulo "Nem imitação nem cópia!"

16 José Carlos Mariátegui, "Aniversario y Balance", *Amauta*, n.17, 1928, *Ideologia y Política*, Lima: Biblioteca Amauta, 1971, p.248.

errônea que esses partidos tinham do processo revolucionário no continente, compreensão baseada na teoria da "revolução por etapas", formulada pela primeira vez por Josef Stalin em 1927, como estratégia para os comunistas na revolução chinesa. Tratava-se de fato de uma variante da doutrina do partido menchevique anterior a outubro de 1917: as condições na Rússia não estão maduras para uma revolução socialista, é preciso construir uma aliança do movimento operário com a burguesia democrática para derrubar o czarismo e estabelecer uma república democrática parlamentar.

Salvo algumas exceções (locais ou temporárias), o esquema seguinte era, explícita ou implicitamente, a base da estratégia dos partidos comunistas latino-americanos no curso de sua história:

1. Os países latino-americanos são países de economia subdesenvolvida, semifeudal, dominada pelo imperialismo; a contradição principal é entre a nação e o capital estrangeiro (e seus associados internos). Essa contradição opõe o povo aliado à burguesia nacional progressista – interessada no desenvolvimento nacional independente, na industrialização e na extensão do mercado interno – ao imperialismo norte-americano e seus associados, os grandes proprietários de terra (os latifundiários feudais).
2. É preciso, portanto, constituir uma frente nacional-democrática entre as classes populares (operários e camponeses), a pequena burguesia nacionalista e a burguesia progressista, frente cuja expressão política habitual é a aliança eleitoral entre o PC e os partidos burgueses considerados como "patrióticos".
3. A revolução latino-americana encontra-se, portanto, na etapa democrática (burguesa) e deve cumprir-se pelo estabelecimento de um governo nacional-democrático apoiado nas massas populares.
4. As tarefas principais dessa revolução nacional-democrática são: a reforma agrária, a expropriação dos grandes trustes estrangeiros, a legalização dos partidos operários e uma política externa independente.
5. A luta de classes entre o proletariado e a burguesia é, na etapa presente da revolução, uma contradição secundária.

Ela só se tornará a contradição principal na etapa socialista, que se situa num futuro mais ou menos longínquo.

Esquema típico dessa abordagem passavelmente rígida e dogmática – que Guevara conhecia bem, visto que se referia até mesmo a Cuba: em agosto de 1960, no exato momento em que a revolução cubana começa a expropriar certos setores da burguesia local e a se transformar em revolução socialista, num processo ininterrupto, Blas Roca, secretário-geral do Partido Socialista Popular (stalinista) – um dos componentes da aliança que derrubara a ditadura de Batista em 1959 –, declarava, por ocasião da VIII Assembléia Nacional de seu partido:

> A revolução cubana ... é uma revolução que, dadas as tarefas históricas que ela enfrenta e cumpre, pode ser qualificada, com razão, de revolução nacional-libertadora e agrária, de revolução patriótica e democrática. ... A burguesia nacional, que se beneficia da revolução graças à elevação do poder de compra do povo e do número de consumidores, apóia a revolução, mas se assusta freqüentemente por causa de suas medidas radicais e das ameaças, fanfarronadas e ataques do imperialismo norte-americano. ... No interior dos limites estabelecidos, é preciso garantir os lucros da empresa privada, seu funcionamento e seu desenvolvimento nacional. É preciso estimular entre os trabalhadores dessas empresas o zelo e o aumento da produtividade.[17]

Confrontado a um processo revolucionário vivo, em plena passagem para o socialismo, o velho dirigente comunista cubano tentava encerrá-lo nos limites da revolução por etapas, limites autorizados pelo "leito de Procusto" da doutrina stalinista.[18] Longe de estarem na vanguarda da revolução cubana, num

---

17 Blas Roca, *Balance de la labor del partido desde la última Asamblea Nacional y el desarollo de la revolución*, La Habana, 1960, p.42, 80, 87.

18 Procusto era um personagem da mitologia grega: um senhor da guerra que convidava os viajantes que atravessavam suas terras a passar a noite em seu castelo. Após o jantar, ele lhes propunha que repousassem no leito reservado aos convidados; se o infeliz viajante era mais comprido que a cama, mandava-lhe cortar as pernas por seus homens de armas; se fosse curto demais, mandava-o esticar por um aparelho, até que se tornasse mais comprido ou estourasse.

momento decisivo de seu desenvolvimento, os quadros do PSP stalinista tentavam, em vão, frear a dinâmica de radicalização conduzindo um combate de retaguarda em nome da etapa "patriótica e democrática"...

É contra isso que Che se vai levantar, energicamente e sem nenhuma ambigüidade, em todos os seus escritos sobre a América Latina.

A burguesia nacional

O ceticismo de Che quanto à idéia de uma "burguesia revolucionária" na América Latina origina-se primeiro das experiências acumuladas durante suas muitas viagens de 1951 a 1956. Parece, em particular, que ele não ficou muito favoravelmente impressionado pelo que viu na Bolívia "nacional-revolucionária" de 1953.

Segundo o testemunho do amigo argentino Ricardo Rojo, que o conhecera em La Paz, Che teria feito a esse respeito o seguinte comentário cáustico (e clarividente!):

> Este Paz Estensoro não é senão um reformista que borrifa os índios com DDT para lhes tirar os piolhos, mas não resolve o problema essencial, que é a causa dos piolhos... Uma revolução que não chega a suas últimas conseqüências está perdida.[19]

Mas, evidentemente, é sobretudo a própria experiência cubana que lhe vai ensinar, com grande clareza, o papel da burguesia "indígena", tomada de pânico perante uma revolução que

19 Paz Estensoro, dirigente do Movimento Nacional Revolucionário (MNR) que conduziu a revolução de 1952, aliou-se alguns anos depois ao neoliberalismo.
H. Gambini. *El Che Guevara*. Buenos Aires: Editorial Paidos, 3.ed., 1968, p.79-80. Segundo Rojo, "Perón e Paz Estensoro foram para Che exemplos de uma burguesia que, por falta de confiança em si mesma não menos que por estreiteza de vista e ausência de sentido histórico, ficou a meio caminho...", ibidem, p. 80. Acrescentemos que, no apelo aos mineiros da Bolívia em 1967, Che menciona o atolamento da revolução boliviana de 1952 como prova de que, "em matéria de revoluções sociais, não há lugar para as meias soluções".

empreende uma reforma agrária radical e procede à expropriação dos monopólios imperialistas (ou seja, tarefas clássicas de uma revolução democrático-nacional): ela acaba por aliar-se mais ou menos rapidamente à contra-revolução.

Os escritos do Che mostram uma compreensão lúcida e desprovida de ilusões do estatuto e do papel das burguesias nacionais latino-americanas, cujas alianças político-sociais com os grandes proprietários de terras ele sublinha – alianças que sustentam a oligarquia dominante na maioria dos países do continente –, e seus vínculos econômicos, políticos, ideológicos e militares estreitos com o imperialismo americano.[20]

Isso não significa que não existam contradições secundárias entre os interesses das burguesias locais e os dos grandes trustes norte-americanos. Mas, em última análise, cada burguesia teme mais a revolução popular do que a opressão despótica dos monopólios estrangeiros que colonizam a economia. Por essa razão, "a grande burguesia não hesita em aliar-se ao imperialismo e aos latifundiários para lutar contra o povo e obstruir assim o caminho da revolução".[21] Essa análise do comportamento da burguesia latino-americana parece-se espantosamente com a que Marx fazia em 1844 a respeito da burguesia alemã, conservadora quando devia ser revolucionária, medrosa quando devia ser corajosa, e que tinha mais medo do povo do que da monarquia feudal que devia combater – análise brilhantemente confirmada pelos acontecimentos da revolução alemã de 1848.[22]

Guevara compreendera perfeitamente que uma revolução do tipo da que ocorrera em 1789 se tornara impossível na América Latina: na era da revolução socialista e do imperialismo, as burguesias que chegaram com atraso ao palco da história só podem constituir uma força fundamentalmente conservadora. A coisa se tornou em especial evidente na América Latina após a Revolução Cubana, que polarizou o campo da luta de classes:

---

20 Ernesto Che Guevara, *Textes militaires*, op. cit., p. 151 e *Textes politiques*, op. cit., p.17, 72, 79-80, 303.

21 *Textes politiques*, op. cit., p.68.

22 Ver Karl Marx, "Contribuição à crítica da filosofia do direito de Hegel", artigo dos "Annales franco-allemandes" (1844). In: *Écrits de jeunesse 1842-1847*. Paris: Ed. Spartacus, 1977.

> A revolução cubana deu o sinal de alarme. ... As burguesias nacionais se uniram ao imperialismo em sua grande maioria e deverão ter o mesmo destino que ele em todos os países ... A polarização das forças antagônicas de adversários de classe é agora mais feroz que o desenvolvimento das contradições entre exploradores para a repartição do saque. Há dois campos: a alternativa é cada vez mais clara para cada indivíduo e para cada camada da população.[23]

Che está, portanto, convencido de que, ao contrário do que afirmava a estratégia pregada pelos partidos comunistas, as forças populares não têm nenhum interesse em colaborar com burguesias "tímidas e traidoras" que destroem as forças sobre as quais se apóiam para aceder ao poder. Além disso, ele tende a dar a esse diagnóstico um alcance não só continental, mas internacional, constatando o que chama ironicamente de "sul-americanização" dos países semicoloniais da África e da Ásia, ou seja, o desenvolvimento crescente de uma burguesia parasita que acumula enormes lucros à sombra do capital imperialista.[24]

Che conhecia e adotava provavelmente o violento requisitório de Frantz Fanon contra a corrupção da nova burguesia burocrática africana em *Os condenados da terra*, livro publicado em Cuba a pedido expresso de Che. Vários temas mostram, aliás, uma afinidade notável entre o pensamento de Fanon e o de Guevara: o papel revolucionário do campesinato, a importância da violência dos oprimidos, a unidade antiimperialista do Terceiro Mundo, a busca de um novo modelo de socialismo. Che tinha grande interesse pela obra de Fanon. Conversou longamente com a viúva dele, Josie Fanon, em Argel. É mesmo possível que a leitura de Fanon tenha sido um dos fatores que lhe inspiraram o projeto de participar em 1965-1966 da luta armada na África.

Por ocasião da redação de suas *Notas críticas sobre o Manual de Economia Política* soviético, redigidas em Praga em 1966, Guevara volta mais uma vez ao papel político da burguesia. O *Manual*, produto típico do "marxismo" stalinista fabricado pela Academia de Ciências da URSS, afirmava:

---

23 *La Guerre de guérilla; une méthode*, 1963. In: *Textes militaires*, op. cit., p.160-4. Ver também *Textes politiques*, op. cit., p.76-129.

24 *Textes politiques*, op. cit., p.82, 271.

> No que concerne à luta de libertação nacional dos povos dos países coloniais e dependentes, que tende antes de tudo a vencer a dominação do imperialismo, a conquistar a independência nacional e a suprimir as sobrevivências feudais, a burguesia nacional participa dessa luta e desempenha um certo papel progressista.

Em seu comentário, Che rejeita essa tese, considerando-a anacrônica:

> Historicamente, isso foi verdadeiro, hoje é falso. Nos países com maior experiência de pseudo-independência política, como o são a maior parte dos países da América Latina, o processo de aliança entre as burguesias nativas e os capitais imperialistas estava em gestação havia muito tempo; a revolução cubana produziu um verdadeiro sinal de alarme que foi ouvido pelos exploradores autóctones. Por outro lado, a luta contra os resíduos feudais é muito problemática porque se produz também uma aliança dos exploradores dos diversos setores e porque os grandes proprietários de terras investem na indústria e no comércio.

Depois de esboçar um raciocínio análogo para a África, ele conclui:

> A luta contra a burguesia é uma condição indispensável da luta de libertação, se se quiser levá-la a uma conclusão irreversivelmente bem-sucedida. (A Indonésia é um exemplo contrário.)[25]

O caráter socialista da revolução

Se não há burguesia revolucionária, dificilmente pode haver uma revolução burguesa. Só uma revolução socialista fundada na aliança entre os operários e os camponeses pode cumprir as tarefas democráticas da revolução latino-americana: a reforma agrária,

---

25 *Apuntes críticos a l'Economia Política*, op. cit., p.62.
O Partido Comunista Indonésio, que confiara no governo nacionalista de Sukarno, foi vítima em 1965 do golpe de Estado do general Suharto, seguido pela sua dissolução e pelo massacre de centenas de milhares de militantes comunistas: um dos mais terríveis banhos de sangue da história do socialismo moderno.

a libertação nacional, a superação do subdesenvolvimento. Ela só pode realizar esses objetivos não pela via burguesa, mas por seus próprios métodos: métodos socialistas, aplicados às tarefas socialistas propriamente ditas, como em Petrogrado em 1917-1919, ou em Cuba em 1959-1961.

Parece que, já na Sierra Maestra, Che e alguns dos dirigentes da guerrilha haviam tido a intuição (ainda vaga e imprecisa) do desenvolvimento socialista de sua revolução: "Os melhores dentre nós sentiam imperiosamente a necessidade de uma reforma agrária e de uma subversão do sistema social".[26] A radicalização da revolução após a tomada do poder em 1959 irá se produzir segundo uma regra que Che conhecia bem: "Uma revolução que não se aprofunda constantemente é uma revolução que regride".[27]

Desde abril de 1959, em uma entrevista a um jornalista chinês, Che falava de um "desenvolvimento ininterrupto da revolução" e da necessidade de abolir "o sistema social" existente e seus "fundamentos econômicos".[28] É exatamente o que vai se passar em Cuba nos dois anos seguintes... Pode-se perguntar de onde ele tirou essa expressão, "revolução ininterrupta": o mais provável é que a tenha inventado ele mesmo, a partir de sua experiência.

A radicalização efetua-se no início pela reforma agrária cubana, que, segundo o Che, se diferenciava das três outras reformas agrárias que já tinham sido experimentadas na América (no México, na Guatemala e na Bolívia) pela vontade inabalável de levá-la até o fim, sem nenhum tipo de concessão. Em seguida, pelas outras leis revolucionárias – a reforma urbana, a expropriação dos monopólios estrangeiros, a expropriação da grande burguesia cubana –, leis cujo "encadeamento lógico nos conduz, da primeira à última, por um encaminhamento progressivo e necessário".[29] Essa lógica, ao mesmo tempo econômica,

26 Ernesto Che Guevara. *Écrits I, Souvenirs de la guerre révolutionnaire*. Paris: Éditions F. Maspero, 1967, p.156.

27 *Textes militaires*, op. cit., p.155.

28 *Che: Selected Works of Ernesto Guevara*. R. E. Bonachea & N. P. Valdes (Eds.). Cambridge: MIT Press, 1970, p.372.

29 *Textes militaires*, op. cit., p.117, 119.

social e política, é precisamente a da "revolução ininterrupta" – ou "permanente" – que leva das tarefas democráticas às tarefas socialistas, da luta contra o imperialismo e contra os latifundiários à luta contra seus aliados burgueses, da queda de Batista em 1º de janeiro de 1959 à proclamação da revolução socialista em 1º de maio de 1961. Essa transformação da Revolução Cubana, de revolução democrática radical em revolução socialista, coloca problemas irredutíveis à concepção mecanicista dos partidos de esquerda tradicionais latino-americanos – próxima das idéias dos marxistas ditos "ortodoxos" da II Internacional,[30] como Karl Kaustski ou George Plekhanov (o principal ideólogo dos mencheviques) –, para os quais o subdesenvolvimento, o caráter semifeudal e semicolonial da economia limitavam a revolução à "etapa democrática nacional". Aos olhos de Che, nada seria mais ridículo do que "declarar, como os teóricos da II Internacional, que Cuba quebrou todas as leis da dialética, do materialismo histórico, do marxismo". Contra tal visão, ou melhor, equívoco, neokaustskiana, Che se inspira expressamente em Lenin, cuja célebre polêmica com o historiador menchevique Sukhanov ele cita[31] para colocar o problema em seus verdadeiros termos: Cuba foi um dos elos mais fracos do sistema mundial do capitalismo. Foi por essa razão que as forças revolucionárias em Cuba puderam queimar as etapas e "decretar o caráter socialista da revolução". A vanguarda revolucionária, influenciada pelo marxismo, foi capaz de "forçar a marcha dos acontecimentos", "dentro dos limites do que é objetivamente possível".[32]

O que foi verdadeiro para Cuba não pode também sê-lo na escala do continente? Dito de outro modo, a revolução socia-

30 Internacional socialista, fundada em 1889 pelos principais partidos operários, com o apoio de Friedrich Engels.

31 Em 1923, o historiador marxista menchevique russo Sukhanov escrevera um ensaio que descreve as teses de abril de Lenin – chamando a uma revolução socialista na Rússia – como um documento que rompia com "os princípios elementares do marxismo". Numa resposta, Lenin constata que Sukhanov e seus amigos mencheviques "não compreenderam o que há de essencial no marxismo, ou seja: sua dialética revolucionária" (Lenin, *Oeuvres*, Éditions de Moscou, v. 23, p.489).

32 *Textes politiques*, op. cit., p.192, 194-5.

lista estaria na ordem do dia em toda a América Latina? É para essa conclusão que se encaminha o pensamento de Che, desde 1961. Em sua "Mensagem aos argentinos" de maio de 1962, fala explicitamente da revolução socialista como a única verdadeira solução para a Argentina e para todo o continente.[33] Em 1963, em *Guerra de guerrilha, um método*, ele mostra o vínculo entre a polarização social crescente da América Latina e o caráter da revolução que desponta no horizonte: a contradição cada vez mais insustentável entre exploradores e explorados

> fará que, quando as vanguardas armadas dos povos tomarem o poder, terão liquidado em seus países ao mesmo tempo os imperialistas e os exploradores locais. Elas terão cristalizado a primeira etapa da revolução socialista, poderão começar a construir o socialismo.[34]

Finalmente, em seu "testamento político", a carta à Tricontinental de 1967, Che coloca a questão em termos decisivos, estourando impiedosamente na passagem todas as bolhas de sabão multicoloridas e vazias do nacional-reformismo latino-americano:

> A libertação real dos povos ... assumirá inelutavelmente na América a característica de uma revolução socialista ... As burguesias nacionais não são mais capazes de se opor ao imperialismo – caso tenham sido algum dia – e constituem agora o seu quintal. Já não há outras mudanças a fazer: ou revolução socialista ou caricatura de revolução.[35]

Com essa tomada de posição – que se inscreve na linhagem política das *Teses de abril* de Lenin e da teoria da revolução permanente de Trotski –, Che sintetizou numa fórmula audaciosa, fulgurante e explosiva o saldo da experiência histórica das lutas populares do continente e a predição das condições de seu futuro

---

33 Ernesto Che Guevara. "Mensaje a los Argentinos". In: *Cristianismo y Revolución*. Buenos Aires: outubro de 1968, p.22.

34 *Textes militaires*, op. cit., p.163.

35 *Textes politiques*, op. cit., p.308, 303.

libertado. Ela se tornará a bandeira da esquerda revolucionária latino-americana ao longo do século XX.[36]

Em que medida essa fórmula é válida também para os outros continentes do Terceiro Mundo? Che não formulou um julgamento definitivo sobre esse tema, mas, numa entrevista concedida em março de 1965 a um jornal argelino, declarou explicitamente: "Socialismo ou neocolonialismo, eis o que está em jogo para toda a África no combate que se trava hoje no Congo".[37] Como se sabe, pouco depois, em 1965-1966, Che tomou parte, ao lado dos guerrilheiros lumumbistas comandados por Laurent-Désiré Kabila, nos combates anticolonialistas no Congo.

---

36 As *Teses de abril* (1917) de Lenin são o primeiro texto em que o dirigente bolchevique afirma a vocação socialista da revolução russa. A similaridade entre as teses do Che sobre o caráter da revolução na América Latina e a teoria de Trotski sobre a transformação da revolução democrática em revolução socialista nos países coloniais e semicoloniais é impressionante, tanto mais que, antes de 1966-1967, Guevara não conhecia o livro *A revolução permanente* do fundador do Exército Vermelho. Dito isso, é bem evidente que, em relação aos papéis respectivos dos camponeses e do proletariado urbano, suas concepções eram completamente distintas, senão opostas: ao contrário de Trotski, o ex-guerrilheiro da Sierra Maestra via no campesinato a classe revolucionária por excelência, na América Latina e em todos os países dependentes.

37 Che Guevara. "Entrevista ao jornal *Libération*". George Lavan (Ed.). *Che Guevara Speaks*. New York: Grove Press, 1968, p.119.

CAPÍTULO 4

NEM IMITAÇÃO NEM CÓPIA! CHE EM BUSCA DE UM NOVO MODELO DE SOCIALISMO

Em um artigo publicado em 1928, José Carlos Mariátegui, o verdadeiro fundador do marxismo latino-americano, escrevia estas palavras:

> nós não queremos, certamente, que o socialismo seja nas Américas uma imitação ou uma cópia. Ele deve ser uma criação heróica. Devemos dar vida, com nossa própria realidade, com nossa própria linguagem, ao socialismo indo-americano. Eis uma missão digna de uma nova geração.[1]

Seu aviso não foi ouvido: naquele ano, o movimento comunista latino-americano começava a cair sob a influência do paradigma stalinista, que impôs, durante quase meio século, a imitação e a cópia da ideologia burocrática soviética e do seu assim chamado "socialismo real".

Não sabemos se Che conhecia esse texto de Mariátegui; talvez o tenha lido, visto que sua companheira dos anos 1950, a jovem peruana Hilda Gadea, lhe emprestara a obra do escritor socialista.

Em todo caso, pode-se considerar que boa parte de sua reflexão e prática política, sobretudo na década de 1960, tinha por

1 José Carlos Mariátegui, "*Aniversario y Balance*", op. cit., p.249.

objetivo sair do impasse ao qual conduzia a imitação servil do modelo soviético e europeu do Leste. Suas idéias sobre a construção do socialismo são uma tentativa de "criação heróica" de alguma coisa de novo, a busca – interrompida e, portanto, inacabada – de um tipo de socialismo diferente, sob vários aspectos radicalmente oposto à caricatura burocrática "realmente existente".

De 1959 a 1967, o pensamento de Che não cessa de evoluir. Ele se afasta cada vez mais das ilusões iniciais sobre a URSS e sobre o marxismo de tipo soviético – ou seja, stalinista. Em uma carta de 1965 ao amigo Armando Hart, ministro cubano da Cultura, ele criticava duramente o "atrelamento ideológico" que se manifestava em Cuba pela edição de manuais soviéticos para o ensino do marxismo. Expressava então um ponto de vista que compartilham, na mesma época, Fernando Martinez, Aurélio Alonso e os amigos deles do Departamento de Filosofia da Universidade de Havana e da revista *Pensamiento critico*. Esses manuais – que ele chama de "tijolos soviéticos" (*ladrillos* soviéticos) – "têm o inconveniente de não te deixar pensar: o Partido já fez isso por ti e tu deves digeri-lo".[2]

O assassinato do Che em outubro de 1967 vem interromper um processo de amadurecimento político e de desenvolvimento intelectual muito autônomo. Sua obra não é um sistema fechado, um alicerce de argumentos acabado, que tem resposta para tudo. Não, sobre inúmeras questões, como a democracia no planejamento ou a luta contra a burocracia, sua reflexão permanece incompleta.[3]

2 Publicada pela primeira vez em Cuba em 1997, essa carta é reproduzida na interessante obra de Néstor Kohan, *Ernesto Che Guevara. Otro mundo es possible*, Buenos Aires: Nuestra America, 2003, p.156-8.

3 Fernando Martínez Heredia tem razão em sublinhar: "Mesmo o inacabamento do pensamento de Che ... tem aspectos positivos. O grande pensador está, aí, assinalando problemas e caminhos ..., exigindo de seus camaradas que pensem, estudem, combinem a prática e a teoria. Torna-se impossível, quando se assume realmente seu pensamento, dogmatizá-lo e convertê-lo num outro bastião especulativo e num outro depósito de frases e receitas". "Che, el socialismo y el comunismo", *Pensar el Che*, Centro de Estudios sobre América, Editorial José Martí, La Habana: 1989, t.II, p.30. Ver também seu livro, com o mesmo título, *Che, el socialismo y el comunismo*. La Habana, Premio Casa de las Americas, 1989.

Percebe-se, de maneira mais explícita, sobretudo em seus escritos a partir de 1963, a rejeição crescente da "imitação e cópia" (para retomar a fórmula de Mariátegui) e a busca de um modelo alternativo. Ele tenta desenhar outra via para o socialismo, mais radical, mais igualitária, mais fraterna, mais humana, mais conforme à ética comunista.

A ética comunista de Che Guevara, humanista e revolucionário, estava fundada sobre valores essenciais: a liberdade – a libertação de toda opressão, política ou econômica –, a igualdade, a solidariedade – entre indivíduos e entre povos –, a democracia revolucionária, o internacionalismo.

Três direções traduzem concretamente a aspiração de Ernesto Guevara a preparar um novo caminho: a discussão sobre os métodos de gestão econômica, a questão da livre expressão das discordâncias e a perspectiva da democracia socialista. É a primeira que ocupa o lugar principal em suas reflexões, as duas outras – estreitamente ligadas – são muito menos desenvolvidas e comportam lacunas e contradições. As três estão presentes em suas preocupações e sua prática política.[4]

Os métodos de gestão econômica

Em 1963-1964, Guevara, que exercia as funções de ministro da Indústria, teve de enfrentar os partidários do modelo soviético, que queriam reforçar a autonomia financeira das empresas, permitindo assim o jogo do mercado. Entrou na famosa discussão sobre o planejamento, que inflou em várias revistas de economia cubanas. Essa discussão o colocava contra o ministro do Comércio Exterior, comandante Alberto Mora, e o diretor do Instituto Nacional de Reforma Agrária, Carlos Rafael Rodríguez, antigo dirigente do Partido Socialista Popular (PSP) stalinista, ambos apoiados pelo economista marxista, adepto do Partido Comunista Francês, Charles Bettelheim. Os posicionamentos de Ernesto Guevara em defesa do planejamento central e contra

4 Sobre a crítica do "socialismo real" por Che, ver o interessante estudo de Antonio Moscato, que destaca aspectos um pouco diferentes dos examinados aqui: "La critica al URSS e al sistema soviético", *Che Guevara. Cuaderni della Fondazione Ernesto Che Guevara*, n.4, 2001, p.29-50.

os instrumentos de mercado receberam então apoio do economista marxista belga – e dirigente da IV Internacional[5] – Ernest Mandel, constituindo de fato uma crítica radical, inicialmente subentendida, depois explícita, do "socialismo real". Os principais aspectos do modelo do Leste europeu aos quais ele se opõe são:

- a lei do valor como lei objetiva das economias de transição para o socialismo;
- a tese de Stalin defendida por Charles Bettelheim;
- a mercadoria como base do sistema produtivo;
- a concorrência – entre empresas ou entre trabalhadores como fator de elevação da produtividade;
- os métodos de estímulo e de distribuição mais individuais do que coletivos;
- os privilégios concedidos a gestores e administradores; e
- os critérios mercantis nas relações econômicas entre países socialistas.

Nos dois anos que se seguiram a esse debate, Fidel Castro parecia compartilhar boa parte das teses econômicas do Che. Comentando a discussão econômica cubana, Ernest Mandel fez, em 1967, a seguinte observação:

> Em nossa opinião, essa posição de Che Guevara e de Fidel Castro é conforme à tradição e à teoria marxistas. Aqueles que colocam o postulado absoluto do desenvolvimento prévio das forças produtivas, antes que a consciência socialista se possa realizar, são tão culpados de mecanicismo quanto aqueles que acreditam poder suscitar, por meios puramente subjetivos (educação, propaganda, agitação etc.), semelhante consciência a curto prazo. Há uma interação constante entre a criação de uma infra-estrutura material necessária à realização da consciência socialista, e o desenvolvimento dessa mesma consciência.[6]

Muito diferente será o comentário de Charles Bettelheim. Próximo dos meios "pró-chineses" do PCF, escreverá em 1968, numa troca de correspondência pública com Paul Sweezy, redator

---

5 A IV Internacional foi fundada em 1938 por dissidentes comunistas de esquerda, partidários de Leon Trotski, rompendo com a III Internacional, fundada em 1919 por Lenin.

6 E. Mandel, "Le grand débat économique", *Partisans*, n.37, 1967.

da *Monthly Review*, que as teses defendidas nos discursos de Fidel e nos escritos do Che eram a expressão de uma "fração radicalizada da pequena burguesia": os dois homens são "utopistas e perigosos", e sua tese visando ao desaparecimento das relações de mercado no socialismo é um mito. Toda operação teórica que tende a opor o planejamento ao mercado só conduziria, inexoravelmente, a produzir efeitos de obscurantismo ideológico.[7]

Durante o ano de 1965, a crítica de Guevara do "socialismo real" endureceu ainda mais. No "discurso de Argel", em fevereiro de 1965, ele exigiu dos países que se diziam socialistas "que liquidassem sua cumplicidade tácita com os países exploradores do Ocidente", que se traduzia na prática deles também, da troca desigual com os povos em luta contra o imperialismo. Para Che,

> não pode haver socialismo se não houver uma mudança nas consciências que seja a fonte de uma nova atitude fraternal para com a humanidade. Essa mudança é tanto de natureza individual, na sociedade em que se constrói o socialismo ou naquela em que ele já está construído, quanto de natureza mundial, concernindo a todos os povos que sofrem a opressão imperialista.[8]

Analisando, no ensaio de março de 1965, *O socialismo e o homem em Cuba*, os modelos de construção do socialismo dominantes na Europa oriental, ele rejeitava a concepção que pretendia "vencer o capitalismo com seus próprios fetiches":

> Quando se persegue a quimera que consiste em querer construir o socialismo com as armas embotadas herdadas do capitalismo – os bens de mercado como célula econômica, a rentabilidade, o interesse material individual, como alavancas etc. –, corre-se o risco de entrar num beco sem saída.[9]

7 Charles Bettelheim, "Réponse à Paul Sweezy", 15 de dezembro de 1968, Paul M. Sweezy e Charles Bettelheim. *Lettres sur quelques problèmes actuels du socialisme*, Paris: Éditions Maspero, 1972. Ver também Néstor Kohan, *Ernesto Che Guevara. Otro mundo es possible*, op. cit., p.29 e 43.

8 Ernesto Che Guevara, *Obras 1957-1967*. Paris: François Maspero, 1970, t.2, p.574; "Le Socialisme et l'Homme à Cuba", *Justice globale*, op. cit., p.13-4.

9 *Obras*, v.2, op. cit., p.371-2; "Le Socialisme et l'homme à Cuba", *Justice globale*, op. cit., p.41.

Num debate de dezembro de 1964, Che volta à questão da ausência de verdadeira igualdade no "socialismo real". Um dos principais perigos do modelo importado dos países do Leste europeu reside no fortalecimento da desigualdade social e na formação de uma camada privilegiada de tecnocratas e burocratas: nesse sistema de distribuição,

> são os diretores que ganham cada vez mais. Basta ver o último projeto da RDA, a importância que assume a gestão do diretor, ou melhor, a retribuição da gestão do diretor.[10]

Esse desvio o preocupa no mais alto grau, a tal ponto que o menciona de novo numa carta a Fidel Castro datada de abril de 1965, pouco antes de partir de Cuba – carta publicada pela primeira vez em 2006 na obra *Apuntes críticos a la Economia Política* –, na qual faz referência ao "interesse material dos dirigentes, princípio da corrupção".[11]

Guevara estava perfeitamente consciente de que seu projeto socialista, fundado sobre o planejamento e não sobre a "rentabilidade das empresas", determinada segundo o método soviético do Cálculo Econômico, era uma tentativa *nova*, fora dos caminhos conhecidos do "socialismo real". Relatando discussões decepcionantes com os ex-dirigentes do PSP, Carlos Rafael Rodríguez e Blas Roca, com outros partidários do Cálculo Econômico, ele

---

10 *Apuntes críticos a la Economía Política*, op. cit., p.372. Transcrição de sua discussão de 2 de outubro de 1964 com Juan M. Castiñeiras. As colocações do *comandante* Guevara nessas reuniões (em espanhol, "Actas de reuniones efectuadas en el Ministerio de Industrias") tinham sido reunidas por Orlando Borrego Diaz, um colaborador próximo do Che, no v.VI da coletânea *El Che en la revolución cubana*, mas esse documento fora impresso em apenas algumas centenas de exemplares, reservados aos dirigentes cubanos... Uma parte desses debates, notadamente várias intervenções de Che, foi publicada em italiano no jornal *Il Manifesto* em 1969 e traduzida em francês sob o título: "Le plan et les hommes", num volume organizado por Michael Löwy em 1972: E. Che Guevara, *Oeuvres VI, Textes inédits*. Paris: Maspero, 1972. A passagem acima está na p.90. Amplos extratos foram publicados mais tarde numa seleção italiana em dois volumes: Ernesto Che Guevara, *Scritti Scelti*, a cura di Roberto Massari, Roma: Erre emme, 1993. A edição de 2006, realizada por Ocean Press sob o título *Apuntes críticos*..., sem ser integral, é, até hoje, a mais ampla.

11 Ibidem, p.10.

constata com pesar que o debate não pôde ir muito longe porque os argumentos de seus adversários não faziam senão repetir o *Manual* soviético. Para defender o modelo soviético, opunham-lhe o argumento que ele "servira durante mais de quarenta anos, e é com ele, efetivamente, que se constrói o socialismo"![12]

Em 1963-1966, os partidários da "lei do valor no socialismo" – dogma de Stalin que Charles Bettelheim retoma por sua conta no debate econômico cubano, porém contestado por Ernest Mandel –, e depois os adeptos do *Manual* soviético, formam uma frente que defende uma visão economicista: a esfera econômica como sistema autônomo, regido por suas próprias leis, como a lei do valor ou as leis do mercado, contra uma concepção política e moral do socialismo: ou seja, a tomada das decisões econômicas – as prioridades de produção, os preços etc. – segundo critérios sociais, éticos e políticos. As propostas econômicas de Guevara giram em torno de vários princípios: o planejamento contra o mercado, o sistema orçamentário de financiamento, os estímulos coletivos ou "morais",[13] que os distinguem do modelo soviético.

Em Stalin, o problema da lei do valor no socialismo inscreve-se no âmbito geral de uma teoria metafísica das leis econômicas, segundo a qual as leis da ciência, "quer se trate das leis da natureza, ou das leis da economia política", são o reflexo de processos objetivos que operam independentemente da vontade humana. Pode-se descobrir essas leis, conhecê-las, explorá-las, mas não se pode modificá-las nem aboli-las – e isso "quer se trate do período do capitalismo quer do período do socialismo". Por conseguinte, "nossas empresas não podem nem devem privar-se da lei do valor", que constitui de fato "uma boa escola prática, que apressará a subida de nossos executivos da indústria, para fazer deles verdadeiros dirigentes da produção socialista", ensinando-os "a praticar a autonomia financeira e a realizar a rentabilidade das empresas".[14]

12 Ibidem, p.298-9.

13 Os "estímulos coletivos" – por exemplo, uma creche numa fábrica – ou "morais" – por exemplo, o trabalho voluntário dos militantes comunistas – pareciam a Guevara preferíveis aos "estímulos materiais" individuais, como os bônus pelo rendimento, sem, entretanto, os excluir.

14 Josef V. Stalin, *Les Problèmes économiques du socialisme en URSS*. Paris: Éditions Norman Bethune, 1952, p.8, 52, 54.

Não se poderia fazer mais alegremente abstração de tudo o que distingue uma lei natural de uma lei econômica, e de tudo o que separa o capitalismo – no qual as "leis do mercado" dominam os produtores – do socialismo – no qual, segundo Marx, o homem controla conscientemente o processo produtivo.

Guevara insurgiu-se contra essas teses, que destroçava durante as discussões com seus colaboradores do ministério da Indústria:

> Stalin ... nos *Problemas econômicos do socialismo na União Soviética* ... falava das leis econômicas como algo independente da vontade dos homens, mas eu quero saber como essa lei fundamental pode se converter numa lei independente da vontade dos homens. Para mim, é impossível.

É certo que o socialismo deve satisfazer as necessidades das pessoas, mas, segundo ele, "isto não é uma lei": "Considero que as leis econômicas em geral devem morrer no comunismo, e devem tender a morrer nos períodos de transição". No planejamento, é a consciência humana que dirige a sociedade, "certo, de acordo com métodos e mesmo com certas leis, mas são leis que se podem violar, mudar, adaptar e talvez criar".[15]

O alcance de suas teses ultrapassa amplamente o debate econômico cubano: elas esboçam uma concepção inovadora e "herética" do comunismo como "reinado da liberdade" e como abertura de um imenso campo onde a criatividade humana se deve exercer.

Apesar das críticas das doutrinas econômicas de Stalin, Che não conseguiu formular uma idéia clara da natureza do sistema burocrático stalinista.

A liberdade de discussão

Aspecto político importante do debate econômico dos anos 1963-1964, que merece ser destacado: o próprio fato da discussão, pois não é óbvio que a expressão pública das discordâncias seja uma coisa normal no processo de construção do socialismo. Em

15 E. Che Guevara, *Apuntes críticos...*, op. cit., p.309, 332-3.

outros termos, reconhecer e aceitar a legitimidade de um pluralismo democrático na revolução não é evidente. Essa problemática fica, contudo, implícita no debate econômico. Guevara não a desenvolve de maneira explícita ou sistemática, especialmente em relação à questão da democracia no planejamento. Mas sua atitude, em diversas ocasiões na década de 1960, comprova que ele é favorável ao debate livre e ao respeito à pluralidade de opiniões. Por exemplo, durante uma das discussões com seus colaboradores, em dezembro de 1964, ele se dirige a seu principal adversário no debate econômico cubano, o comandante Alberto Mora:

> Faltam ao trabalho de Alberto duas coisas: ou que ele nos demonstre que estávamos enganados [*que estabamos equivocados*] – o que não poderia ser ruim de maneira nenhuma – ou que ele demonstre a si mesmo que está enganado, o que também não pode ser ruim. Num caso ou noutro [*cualquiera de las dos cosas*], vai-se enriquecer alguma coisa que é muito pobre e que precisa de trabalho suplementar.[16]

Outro exemplo interessante, seu comportamento a respeito dos trotskistas cubanos, cujas análises não compartilhava em absoluto: não deixou de criticá-los duramente em diversas ocasiões. Em 1961, em uma entrevista a um intelectual de esquerda norte-americano, Maurice Zeitlin, Guevara denunciava a destruição, por stalinistas cubanos, das chapas de impressão da obra de Trotski *A revolução permanente*, lamentando esse "erro", uma coisa "que não devia ter ocorrido". Anos mais tarde, pouco antes de deixar Cuba em 1965, ele conseguiu tirar da prisão o dirigente trotskista cubano Roberto Acosta Hechevarría, ao qual declarou, antes de se despedir com um *abrazo* fraterno: "Acosta, as idéias não se matam a cacetadas".[17]

16 Ibidem, p.377.

17 Cf. "Interview with Maurice Zeitlin", R. E. Bonachea & N. P. Valdes (Ed.) *Che: Selected Works of Ernesto Guevara*, MIT Press, 1969, p.391; e "An Interview with Roberto Acosta Hechevarría", Gary Tennant, The Hidden Pearl of the Caribbean: Trotskysm in Cuba. London: Porcupine Press, 2000, p.246. Segundo Roberto Acosta, Guevara ter-lhe-ia assegurado que um dia, no futuro, as publicações trotskistas seriam autorizadas em Cuba (p.249).

O exemplo mais surpreendente é sua resposta, num relatório datado de 1964, aos camaradas do ministério da Indústria à crítica de certos soviéticos, que o acusavam de defender idéias “pró-chinesas” ou, pior ainda, “trotskistas”:

> A esse respeito, penso que, ou temos a capacidade de destruir com argumentos a opinião contrária, ou devemos deixá-la se exprimir. Não é possível destruir uma opinião pela força, porque isso bloqueia todo o livre desenvolvimento da inteligência. Igualmente, no pensamento de Trotski, pode-se pegar uma série de coisas, mesmo que, como penso, ele se tenha enganado em suas concepções, e sua ação posterior tenha sido errada.

Guevara acrescenta ironicamente que os soviéticos lhe colaram a etiqueta de “trotskista” como um “San Benito” – ou seja, o hábito com o qual a Inquisição na Espanha cobria os heréticos ao levá-los à fogueira...[18]

Talvez não seja por acaso que a defesa mais explícita da liberdade de expressão e a crítica mais direta do autoritarismo stalinista que se devem a Guevara se manifestem no campo da arte. No ensaio “O socialismo e o homem em Cuba”, ele denuncia o “realismo socialista”, linha estética imposta, daquelas que “os funcionários públicos compreendem”: assim, sublinhava ele, “suprime-se a autêntica pesquisa artística” e mete-se “numa verdadeira camisa-de-força a expressão artística do homem que nasce e se constrói hoje”.[19]

A democracia socialista

Che Guevara nunca elaborou uma teoria sobre o papel da democracia na transição para o socialismo. Talvez seja a maior lacuna de sua obra; entretanto, pode-se afirmar que rejeitava as concepções autoritárias e ditatoriais que tanto prejudicaram o socialismo do século XX. Aos que pretendiam, de cima, “educar

18 Che Guevara. *Oeuvres VI, Textes inédits*. p.86-7; *Justice globale*, op. cit., p.43.

19 *Obras*, v.2, op. cit., p.379.

o povo", falsa doutrina já rejeitada por Marx nas *Teses sobre Feuerbach* de 1845 ("Quem vai educar os educadores?"), ele respondia, num discurso de 1960:

> A primeira receita para educar o povo ... é fazê-lo entrar em revolução. Nunca se deve pretender educar um povo, para que, unicamente pela educação, e com um governo despótico acima dele, ele aprenda a conquistar seus direitos. Ensinem-lhe antes de tudo a conquistar seus direitos, e esse povo, uma vez representado no governo, aprenderá tudo o que lhe ensinam, e muito mais: ele será o senhor de todos sem nenhum esforço.

Em outros termos: a única pedagogia emancipadora é a auto-educação dos povos por sua própria prática revolucionária – pois, como escrevia Marx em *A ideologia alemã*, "na atividade revolucionária, a mudança de si mesmo coincide com a transformação das condições".

Principal limite de seu pensamento nesse campo, uma análise insuficiente da relação entre democracia e planejamento. Seus argumentos em defesa do planejamento, contra as categorias mercantis, são muito importantes e adquirem hoje uma nova atualidade diante da *vulgata* neoliberal que fez triunfar a "religião do mercado", mas eles deixam na sombra uma questão política chave: quem planeja? Quem decide as grandes opções do plano econômico? Quem determina as prioridades da produção e do consumo? Sem uma verdadeira democracia – sem pluralismo político, sem livre discussão das prioridades e sem a livre escolha pela população entre várias propostas e plataformas econômicas –, o planejamento se transforma, inevitavelmente, num sistema burocrático, autoritário e ineficaz de "ditadura sobre as necessidades", como o demonstra de modo abundante a história da ex-URSS. Noutras palavras: os problemas econômicos da transição para o socialismo são inseparáveis da natureza do sistema político. A experiência cubana dos últimos quarenta anos revela, também, as conseqüências negativas da ausência de instituições democráticas/socialistas – embora Cuba tenha conseguido evitar as piores aberrações burocráticas e totalitárias dos outros Estados do assim chamado "socialismo real".

Essa articulação entre política e economia equivale a colocar de novo o problema das instituições da revolução. Guevara rejeita a democracia burguesa, mas – apesar de sua sensibilidade antiburocrática e igualitária – está longe de ter uma visão clara das relações entre socialismo e democracia. Em *O socialismo e o homem em Cuba*, ele reconhece que o Estado revolucionário pode se enganar, provocando então uma reação negativa das massas populares que o obriga a retificar sua linha – o exemplo que cita é o da política sectária do Partido sob a direção do quadro stalinista Aníbal Escalante em 1961-1962. Porém, acrescenta ele,

> evidentemente, a atenção dada às massas não basta para garantir sua adesão à série de medidas sensatas, falta-lhes um vínculo mais estruturado com a tomada de decisão.[20]

Em um primeiro tempo, ele parece achar uma solução numa vaga "inter-relação dialética" entre os dirigentes e as massas. Porém, algumas páginas depois, ele confessa que o problema está longe de ter encontrado uma solução adequada, que permitiria um controle democrático efetivo: "Esta institucionalidade da Revolução ainda não foi conseguida. Nós buscamos alguma coisa nova".[21]

***

Nos últimos anos de vida, Ernesto Guevara afastou-se muito do paradigma soviético, rejeitando a política de "imitação e cópia" do "socialismo real", em vigor na Europa do leste. Sua crítica radical do *Manual de economia política* da Academia de Ciências da URSS,[22] formando um conjunto de notas redigidas durante sua permanência na Tanzânia, depois em Praga, em 1965-1966, foi a mais vigorosa expressão disso. Por muito, muito tempo, esperou-se a publicação desse documento... Durante dezenas de anos, ele permaneceu "fora de circulação": no máximo alguns

---

20 *Justice globale*, op. cit., p.37.

21 *Obras*, v.2, op. cit., p.379.

22 Che utilizava uma edição em espanhol de 1963.

pesquisadores cubanos foram autorizados a consultá-lo e a citar algumas passagens.[23] Só agora, mais de quarenta anos depois de sua redação, decidiu-se publicar essas notas em Cuba, numa edição ampliada que contém outros materiais inéditos: uma carta de Che a Fidel Castro, datada de abril de 1965, que serve de prólogo ao livro,[24] anotações sobre escritos de Marx e Lenin, uma seleção de transcrições de conversas entre Guevara e seus colaboradores durante reuniões do Ministério da Indústria (1962-1964) – já publicadas, parcialmente, na França e na Itália na década de 1970 –, seguidas de cartas enviadas a diversas personalidades, dentre as quais Paul Sweezy e Charles Bettelheim, e extratos de uma entrevista ao periódico egípcio *El-Taliah* em abril de 1965.

Por que estas notas de Guevara – com freqüência designadas como o "caderno de Praga" – não foram publicadas mais cedo? Pode-se, no limite, compreender que, antes do fim da URSS, havia (más) razões "diplomáticas" para ocultá-las. Mas depois de 1991? Que "perigo" podiam representar? A ocultação é verdadeiramente estranha... Quem decidiu que era preciso engavetá-las? Quem deu finalmente o "sinal verde" para a publicação? O prefácio do livro, por María del Carmen Ariet García – autora de um interessante estudo sobre o pensamento político do Che, do Centro de Estudios Che Guevara de Havana –, não o explica e limita-se a observar que "este texto foi durante anos um dos mais esperados" de Che.

Esse conjunto de notas está agora à disposição dos leitores interessados. Comprova ao mesmo tempo a independência de espírito de Guevara e sua busca de uma alternativa radical, mas mostra também os limites de sua reflexão.

Comecemos por estes: Che não compreendeu o que é o stalinismo. Ele atribui os impasses da URSS na década de 1960

23 Foi o caso notadamente de duas excelentes obras, a de Carlos Tablada, *El pensamiento económico de Ernesto Che Guevara*, que teve trinta edições ampliadas desde 1987 (a última, de Ruth Casa Editorial, Panamá, 2005), e a de Orlando Borrego, *El camino del fuego*. La Habana: Imagen Contemporânea, 2001. Ver a esse respeito os comentários muito pertinentes de Antonio Moscato, *Il Che inedito. Il Guevara sconosciuto, anche a Cuba*. Roma: Edizioni Alegri, 2006.

24 Toda essa passagem descreve o sumário da edição realizada por Ocean Press em 2006, sob o título *Apuntes críticos a la Economía Política*.

à... NEP de Lenin![25] Certo, ele pensa que se Lenin tivesse vivido mais tempo – cometeu o erro de morrer, nota ele com ironia –, teria corrigido os efeitos mais retrógrados dessa política. Mas Che está convencido de que a introdução de elementos capitalistas pela NEP conduziu às nefastas tendências que se observam na URSS de 1963, indo no sentido da restauração do capitalismo. Nem todas as críticas de Guevara contra a NEP são sem interesse, e por vezes coincidem com aquelas que expressavam a oposição de esquerda em 1925-1927 – por exemplo, quando constata que "os quadros se aliaram ao sistema, constituindo uma casta privilegiada". Todavia, a hipótese histórica que responsabiliza a NEP pelas tendências pró-capitalistas na URSS de Brejnev é manifestamente pouco operatória. Guevara não ignora o papel nefasto de Stalin; numa das notas críticas, pode-se ler esta frase precisa e surpreendente: "O terrível crime histórico de Stalin" foi "ter desprezado a educação comunista e instituído o culto ilimitado da autoridade".[26] Não é ainda uma análise do fenômeno stalinista, mas já é uma rejeição categórica.

O termo de "casta" para falar da elite soviética privilegiada é o mesmo que o empregado por Trotski para designar a burocracia. Mas o nome do fundador do Exército Vermelho não é mencionado em nenhum lugar nessas notas críticas. Em compensação, há outro caderno,[27] inédito, encontrado entre os papéis de Che pelos militares bolivianos – e, portanto, provavelmente redigido na Bolívia por volta de 1967 –, que contém numerosos extratos dos escritos de Lev Davidovitch, em especial de *A revolução permanente*. Citações de obras de Stalin são imediatamente seguidas pelo

25 A Nova Política Econômica (NEP) foi uma abertura limitada ao mercado capitalista adotada pelos bolcheviques em 1922. Janette Habel observa com razão: "Longe das deformações stalinistas, as premissas de Che eram humanistas e revolucionárias. Mas é verdade que ele acentuava demais a crítica econômica, o peso das relações de mercado e insuficientemente o caráter policial e repressivo do sistema político soviético", Janette Habel, prefácio à obra de Michael Löwy. *La Pensée de Che Guevara*. Paris: Syllepse, 1997, p.11.

26 Ernesto Che Guevara, *Apuntes críticos*..., op. cit., p.195.

27 As edições Feltrinelli fizeram uma edição em 1998 sob o título *Prima di morire. Appunti e notte di lettura*. Sua publicação é anunciada por Ocean Press sob o título inglês *The Philosophical Notebooks. Writings on Marxism and Revolutionary Humanism*. A edição francesa será publicada em 2008 por Mille et une nuits.

comentário contundente de Trotski tirado de *A revolução traída*: "Figura de segundo plano perante as massas e a revolução, Stalin revelou-se o chefe incontestado da burocracia termidoriana, o primeiro dos termidorianos".[28] Seguem-se várias outras passagens dessa obra, entre as quais uma definição da burocracia como "o estrato social privilegiado e dominante na sociedade soviética", um grupo que se tornou "uma casta incontrolável, estranha ao socialismo".[29] É difícil saber se Che, quando emprega o termo de "casta" burocrática nas *Notas críticas*, conhecia esses textos.

Entretanto, convém sublinhar que se trata, na maioria dos casos, de citações de segunda mão, extraídas do livro de C. Wright Mills, *Os marxistas*, publicado em inglês em 1962, mas que Che consultava em sua edição espanhola; além disso, o fato de anotar passagens de um autor em seu caderno não prova que Guevara compartilhasse sua opinião. Em contrapartida, outra parte do *Caderno* contém passagens tiradas diretamente de *A história da Revolução Russa* – livro encontrado pelos militares bolivianos na sua mochila. Guevara acrescenta no fim dessa parte das notas um comentário explicitamente favorável:

> É um livro apaixonante, mas do qual é impossível extrair uma crítica porque o historiador é também *protagonista* dos acontecimentos. Em todo caso, ele esclarece toda uma série de acontecimentos da grande revolução que tinham ficado ocultos pelo mito. Ao mesmo tempo, faz afirmações isoladas cuja validade continua ainda hoje absoluta. Em última análise, se fizermos abstração da personalidade do autor e nos limitarmos ao livro, ele deve ser considerado como uma fonte de primeiríssima importância para o estudo da revolução russa.[30]

Voltemos a seus comentários do *Manual* soviético. A maior parte das críticas de Guevara corresponde de perto aos escritos econômicos dos anos 1963-1964: defesa do planejamento central contra a lei do valor e contra as fábricas "autogeridas", ou

---

28 O golpe de Estado de Termidor pôs fim ao poder dos Jacobinos em 1794; Leon Trotski designa pelo nome "Termidor" a tomada do poder por Stalin e seus aliados no seio do partido bolchevique a partir de 1924.

29 Ernesto Che Guevara. *Prima di morire. Appunti e notte di lettura*, op. cit., p.39-41.

30 Ibidem, p.94.

seja, autônomas e funcionando segundo as regras do mercado; defesa da educação comunista contra os estímulos monetários individuais. Ele se preocupa também, com razão, com a bonificação concedida aos dirigentes das fábricas, que considera um princípio de corrupção.

Guevara considera o planejamento o eixo central do processo de construção do socialismo, porque "liberta o ser humano de sua condição de coisa econômica". E reconhece – na carta a Fidel – que em Cuba "os trabalhadores não participam da fabricação do plano". Quem deve planejar? O debate de 1963-1964 não respondera a essa pergunta. Nas notas críticas de 1965-1966, várias passagens estabelecem claramente o princípio de uma democracia socialista, na qual as grandes decisões econômicas são tomadas pelo próprio povo. As massas, escreve ele, devem participar da formulação do plano, enquanto sua execução é um assunto puramente técnico. Na URSS, em sua opinião, o plano concebido como "uma decisão econômica das massas, conscientes de seu papel", foi substituído sub-repticiamente por um placebo, por um mecanismo segundo o qual as alavancas econômicas determinam tudo. As massas, insiste ele, "devem ter a possibilidade de dirigir seus destinos, de decidir quanto vai para a acumulação e quanto para o consumo"; a técnica econômica deve operar com esses números – decididos pelo povo – e "a consciência das massas deve assegurar seu cumprimento". Esse tema volta várias vezes: os operários, escreve ele, o povo em geral, "decidirão os grandes problemas do país (taxa de crescimento, acumulação/consumo)", embora o plano em si seja obra dos especialistas. Pode-se questionar essa separação mecânica demais entre as decisões econômicas e sua execução, mas, por essas formulações, Guevara se aproxima consideravelmente da idéia de planejamento socialista democrático, tal como, por exemplo, a formulava Ernest Mandel. Ele não extrai daí todas as conclusões políticas – democratização do poder, pluralismo político, liberdade de organização –, mas não se pode negar a importância dessa visão nova da democracia econômica.

Essas notas, por muito tempo inacessíveis, constituem inegavelmente uma etapa importante do caminho de Guevara para uma alternativa comunista/democrática ao modelo (stalinista) soviético.

CAPÍTULO 5

A HERANÇA GUEVARISTA NA AMÉRICA LATINA

Che é – a exemplo de José Martí, Emiliano Zapata, Augusto Sandino, Farabundo Martí e Camilo Torres – uma dessas figuras que caíram em pé, armas na mão, e se tornaram, por muito tempo, estrelas no céu da esperança popular, carvões ardentes sob as cinzas do desencantamento.

Presença de Che na América Latina

Desde a década de 1960, um espectro assombra o sono dos poderosos e inspira sonhos e lutas aos oprimidos na América Latina: o "guevarismo". Existe algum movimento revolucionário ou contestador radical no continente, ainda neste começo de século XXI, que não se refira, em maior ou menor grau, ao médico e guerrilheiro argentino?

Ernesto Che Guevara por volta de 1956-1957.
Retrato atribuído a J. Gispero, Estúdio Naranjo, Havana, Cuba. Coleção Museu Nicéphore Niépce, Cidade de Chalon-sur-Saône, França.

Sierra Maestra, Cuba, 1957.
Centro de Estúdios Che Guevara, Havana, Cuba/Sipa Press

Cuba, 1961.
Liborio Francisco Noval,
Barbera/Adagp, Paris, 2007

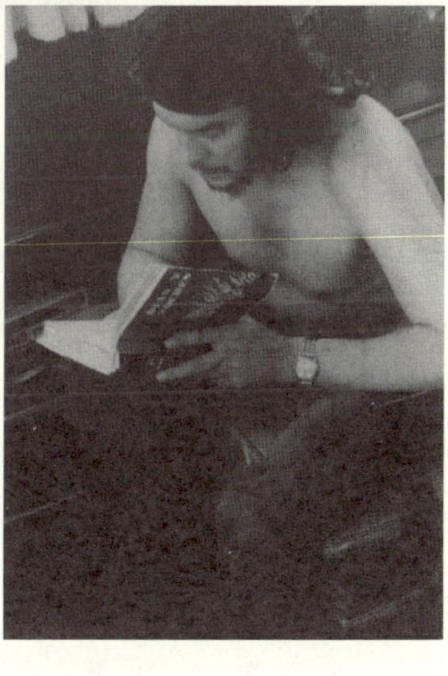

Maio de 1960.
Korda/Adagp, Paris, 2007

Cuba, 1964.

Erwitt/Magnum

No Ministério da Indústria em Havana, em 1963.

Burri/Magnum

No Ministério da Indústria, em 23 de agosto de 1963, conferência de Che Guevara, após sua intervenção em Punta del Este.

Sipa Press/Associated Press

Auto-retrato de Che Guevara, feito no quarto do Hotel Copacabana de La Paz, Bolívia, em 3 de novembro de 1966.

Centro de Estúdios Che Guevara, Havana, Cuba/Sipa Press

Che Guevara e Loyola Guzmán perto do acampamento de Ñancahuazú, 1967.

Aleida March e o Centro de Estúdios Che Guevara, Havana, Cuba

A respeito de Ernesto Che Guevara

pelo subcomandante Marcos,
porta-voz do Exército Zapatista
de Libertação Nacional (EZLN)

Há quarenta anos, em 1966, depois de não ter estado "em lugar nenhum",[1] um homem preparava a memória e a esperança para que a vida voltasse à América. Ramón era então seu nome de guerra. Num dos numerosos rincões da Realidade americana, esse homem se lembrava, e em suas lembranças reviviam todos os homens e mulheres que viveram e ofereceram suas vidas pela América. Seu nome e sua lembrança foram enterrados pelos sempiternos coveiros da história. Segundo alguns, ele se chamava Ernesto e seu sobrenome era Guevara de La Serna. Para nós, ele era e continua sendo *Che*.

Em Punta del Este, ele denunciou a política do poder que, dos escritórios do Banco Mundial, propunha a construção de latrinas como solução das graves condições de miséria dos países da América. Desde então, a pobreza na América aumentou na mesma proporção em que foram saqueadas as riquezas pelos afortunados de sempre. A "latrinocracia" evoluiu igualmente, mas só de nome. Num dos países da América, ela tomou o nome paradoxal de "Bolidariedade". Entretanto, apesar das miragens lexicais, o funcionamento de base da "latrinocracia" é sempre o mesmo: hoje como ontem, os pobres estão no fundo das latrinas e os ricos sentam-se no vaso sanitário.

A crítica do poder efetuada por Che não se traduziu numa aceitação das deficiências deste e na apologia de um sistema. Reprovando o fato de que se opõem ao poder lógicas semelhantes, apenas maquiadas por um novo nome, ele escrevia em 1961: "Não tenho a menor pretensão de ter esgotado o tema, nem de ter decretado uma espécie de bênção papal sobre essas contradições e sobre algumas outras. Infelizmente, aos olhos da maioria de nossos povos, e mesmo aos meus, a apologia de um sistema tem mais efeito do que sua análise científica".

Cidadão do mundo, Che nos relembra o que já sabíamos desde Spartacus, e que esquecemos às vezes: a humanidade encontra na luta

1 O subcomandante Marcos alude aqui ao ano em que Che deixou Cuba e "desapareceu" para ajudar a guerrilha do Congo. Cf. Paco Ignácio Taibo II, com Froilán Escobar e Félix Guerra. *El año en que estuvimos en ninguna parte*. México, DF: Mortiz, 1994; trad. fr. *L'Année où nous n'étions nulle part*. Paris: Métailié, 1995. (N.T. fr.)

contra as injustiças um movimento que a eleva, que a torna melhor, e mais humana.

Pouco depois, a memória e a esperança levaram-no a escrever na carta de adeus: "Um dia, alguém veio perguntar quem era preciso avisar em caso de falecimento, e a possibilidade real da morte impressionou-nos a todos. Depois, soubemos que era verdade, que, no curso de uma revolução, ou se vence ou se perece (se se tratar de uma verdadeira revolução). ... Outros territórios do mundo demandam o concurso de meus modestos esforços". E foi assim que o Che prosseguiu seu caminho.

Para se despedir, para dizer "até daqui a pouco", Che dizia "até à vitória sempre", como para dizer "vamos nos rever logo".

Quarenta anos depois, numa dessas madrugadas em que a lua recupera pedaços de luz que a mordida mensal do tempo lhe arranca, e em que um cometa disfarçado de luminária vela inutilmente às portas da noite, procurei um texto para apoiar as primeiras palavras desta reflexão.

Reli tudo, de Pablo Neruda a Julio Cortázar, de Walt Whitman a Juan Rulfo. Trabalho perdido; sem cessar, a imagem de Che, com seu olhar sonhador na escola de La Higuera,[2] reclamava seu lugar em minhas mãos. Da Bolívia, tinham-nos chegado seus olhos semi-cerrados e esse sorriso irônico que contava o que se passara e prometia o que se ia passar.

Eu disse "sonhador"? Talvez devesse ter dito "morto". Para uns, ele morreu, para outros, só adormeceu. Quem está errado? Há quarenta anos, Che preparava a transformação da realidade americana e o poder preparava sua destruição. Há quarenta anos, o poder afirmava que o fim da história ocorrera na ravina de El Yuro.[3] Ele pretendia que a possibilidade de um mundo melhor, diferente, fora definitivamente destruída. Sustentava que o tempo das rebeliões acabara.

Traduzido do espanhol (México)
por Laurence Villaume.

---

2 Foi numa sala de aula da escola do vilarejo de La Higuera que Che ficou detido uma noite inteira, antes de ser executado sumariamente no dia seguinte, 8 de outubro de 1967, no fim da manhã pelas forças especiais bolivianas, por ordem da CIA. (N.T. fr.)

3 Em 7 de outubro de 1967, Che Guevara, após ter sido ferido nas pernas e seu fuzil ter tido destruído por balas (a pistola não tinha mais munição), é capturado quando leva um destacamento pela ravina de Quebrada del Yuro.

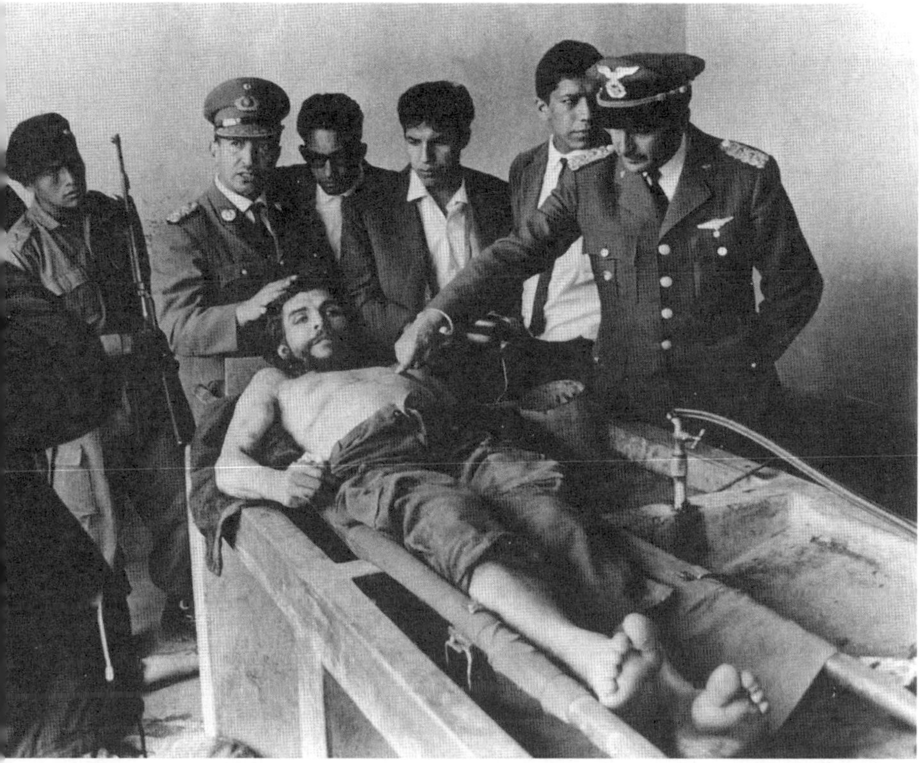

Valle Grande, Bolívia, outubro de 1967.

Trigo/Sipa Press

Os anos passam, as modas mudam, aos modernismos sucedem os pós-modernismos, as ditaduras são substituídas por democracias de baixa intensidade, o Muro de Berlim pelo muro do dinheiro, o keynesianismo pelo neoliberalismo... Entretanto, a mensagem de Che Guevara, quarenta anos mais tarde, contém um núcleo incandescente que continua a arder.

Alguma coisa na vida e na mensagem do médico guerrilheiro argentino-cubano continua a falar às gerações de hoje. Senão, como explicar essa superabundância de obras, artigos, filmes e debates? Não é um simples efeito comemorativo do quadragésimo aniversário. Quem se interessava, em 2003, pelo qüinquagésimo aniversário da morte de Josef Stalin?

As idéias do Che não estão ultrapassadas? Seria possível agora mudar as sociedades latino-americanas – nas quais uma oligarquia instalada no poder há vários séculos monopoliza os recursos, as riquezas e as armas, explorando e oprimindo o povo – sem revolução? É a tese que defendem há já vinte anos os ideólogos da esquerda "realista" na América Latina, como o escritor e jornalista Jorge Castañeda, no livro A *utopia desarmada* publicado em 1993. Ironia da história, alguns meses após a publicação desse livro, o México assistia ao espetacular levante dos índios de Chiapas sob a direção de uma organização de utopistas armados, o Exército Zapatista de Libertação Nacional (EZLN), cujos principais dirigentes se dizem de origem guevarista. Castañeda era, parcialmente, desmentido: é verdade que os zapatistas, ao contrário dos grupos de guerrilha tradicionais, não têm o objetivo de tomar o poder, mas suscitar a auto-organização dos oprimidos com vistas a uma profunda transformação do sistema social e político de seu país.[4]

---

4 Curiosamente, o mesmo Jorge Castañeda, em um artigo publicado em 1997 na revista norte-americana *Newsweek*, começava a se perguntar se seria realmente possível redistribuir, por meios não revolucionários, a riqueza e o poder concentrados nas mãos das elites ricas e poderosas, transformando as estruturas sociais ancestrais na América Latina: se isso se revelar, neste fim de século, difícil demais, será preciso reconhecer que, "afinal de contas, Guevara não estava errado" (Jorge Castañeda, Rebels without Causes, *Newsweek*, 13 jan. 1997: "*We may discover, by the end of the century ... that Che Guevara had a point, after all*"). Essa constatação não o impedirá, entretanto, de se tornar pouco depois ministro no governo conservador e neoliberal de Vicente Fox.

Se o componente guevarista está bem presente desde o nascimento do grupo que forma o EZLN, o movimento, que se tornou ao longo da década de 1980 a expressão "orgânica" das comunidades indígenas de Chiapas, privilegiou – após o ato insurrecional de 1994 – a ação política e a mobilização, desde baixo, da "sociedade civil" contra o regime autoritário do Estado mexicano. Todavia, sem o levante de janeiro de 1994, o EZLN – sempre de armas na mão, treze anos mais tarde – não seria uma referência para as vítimas do neoliberalismo, não só no México, mas na América Latina e no mundo inteiro. O zapatismo combina várias tradições subversivas; o guevarismo constitui o ingrediente essencial dessa fervilhante e imprevisível cultura revolucionária, quanto mais não fosse pela formação de um "exército de libertação", pela escolha do fuzil como expressão material da desconfiança dos oprimidos para com o Estado e as classes dominantes, pela decisão de um vínculo direto entre os combatentes e as massas camponesas (indígenas), ou pela perspectiva radical de um combate anticapitalista. Estamos longe da aventura boliviana de 1967, mas próximos da ética revolucionária encarnada por Che. Por sua sensibilidade libertária, auto-ironia, recusa do poder, seu apelo internacionalista a lutar contra o neoliberalismo, o EZLN propagou-se amplamente, muito além das fronteiras do México.

De fato, a herança do guevarismo, como sensibilidade revolucionária, como resistência irredutível à ditadura do capital e como perspectiva socialista, persiste na esquerda radical na América Latina. Um exemplo: em 2006, a Frente Patriótica Manuel Rodríguez (FPMR), dissidência guevarista do PC chileno, que organizara em setembro de 1986 um atentado contra o ditador Augusto Pinochet, convocou uma reunião em Santiago de diferentes organizações latino-americanas seguidoras das idéias de Che.

Mais significativa é a influência do guevarismo em vários movimentos sociais de massa, como o MST, o Movimento dos Trabalhadores Rurais Sem Terra do Brasil. Nascido em 1984, resultado de longos anos de trabalho de conscientização e de promoção da auto-organização camponesa pela Comissão Pastoral da Igreja, o MST surgiu no seio do "cristianismo da libertação", mas tornou-se rapidamente autônomo, não-confessional, e reúne centenas de milhares de militantes: sem dúvida, o movimento social mais importante e combativo do Brasil hoje. Seu objetivo sempre foi a reforma agrária, mas também uma mudança radical do modelo de desenvolvimento neoliberal do país e o advento de uma sociedade mais justa, "sem explorados nem exploradores" (Carta de Princípios do MST).

Che Guevara é uma das principais referências políticas do MST e uma fonte de inspiração da "mística" do movimento. Isso aparece em seu radicalismo e no devotamento de seus militantes – dos quais muitos pagaram com a vida o engajamento contra os latifundiários – pela causa da justiça social. É certo que o MST não é um movimento armado, e a guerrilha não faz parte de seus métodos de luta, mas ele não hesita em transgredir, por maciças ocupações de terras, a lei e o sacrossanto princípio da propriedade privada. A ética de Che e seu programa de emancipação revolucionária da América Latina fundam a cultura sociopolítica do MST.

De modo mais difuso, as idéias de Ernesto Che Guevara estão presentes em muitos movimentos sociais latino-americanos, desde os *piqueteros* argentinos até os operários bolivianos, dos índios mapuches do Chile aos maias da Guatemala. Exceto o ELN colombiano, não há mais organizações guevaristas praticando a luta armada no campo. Doravante, tanto para esses movimentos como para esses homens de norte a sul do continente, Che não simboliza um método de guerrilha rural, mas um certo *espírito*, simultaneamente ético e político, feito de revolta contra a dominação do imperialismo, de raiva contra a injustiça social capitalista, de luta intransigente contra a ordem estabelecida e de aspiração intensa por uma transformação socialista/revolucionária da sociedade. Isso vale também para as novas gerações de estudantes que descobrem os escritos de Ernesto Guevara, por sua própria iniciativa ou graças a professores motivados – o exemplo mais impressionante é a Argentina, onde há uma rede de cátedras "Che Guevara" em torno da Universidade das Mães da Praça de Maio, sob a direção de Claudia Korol e Néstor Kohan.

E na Bolívia, país onde Guevara derramou seu sangue? No início da década de 2000, o país conheceu um crescimento espetacular dos movimentos sociais, animados pelos indígenas e pelos camponeses, notadamente os plantadores de coca – folha tradicionalmente mascada pelos bolivianos, não confundir com a cocaína –, ou por populações de favelas como El Alto, nos cimos de La Paz. Esses movimentos fizeram a "guerra do gás" contra as multinacionais do petróleo e derrubaram os governos de orientação neoliberal a elas submetidos. Viu-se assim os presidentes Gonzalo Sánchez de Lozada, em 2003, e Carlos Mesa, em 2005, serem destituídos por verdadeiros levantes populares. Evo Morales, dirigente do sindicato dos *cocaleros* e fundador do Movimento para o Socialismo (MAS), foi eleito presidente da República em 2005. No seu discurso de posse em janeiro de 2006, prestou homenagem a "nossos antepassados que lutaram": "Tupak Katari para restaurar o *Tahuantinsuyo*, Simón Bolívar pela grande pátria e Che Guevara por um mundo novo feito de igualdade".[5] Entre os membros de seu governo figuram militantes que lutaram ao lado de Che no ELN boliviano, como Loyola Guzmán.

Mais paradoxal é o caso da Venezuela: foi um ex-militar, democraticamente eleito e reeleito, Hugo Chávez, que retomou por sua conta dois momentos decisivos do programa guevarista: a unidade antiimperialista – "bolivariana" – dos povos latino-americanos, e a perspectiva socialista. A revolução bolivariana que se desenvolve na Venezuela há alguns anos corresponde a um profundo desejo de mudança. Em 1989, uma semi-insurreição popular em Caracas contra o regime corrupto e as políticas neoliberais do presidente Carlos Andrés Pérez fora reprimida com sangue, fazendo centenas de vítimas. Foi em protesto que um grupo de oficiais de esquerda dirigido por Hugo Chávez tentou, em 1992, um levante militar que fracassou. Preso, anistiado dois anos mais tarde, Chávez é triunfalmente eleito presidente em 1998, mas ele próprio só escapa de uma tentativa de golpe de Estado orquestrada por Washington graças a uma mobilização popular maciça. Em suas numerosas intervenções em defesa do "socialismo do século XXI", Che Guevara ocupa um lugar privilegiado. Pode-se também caracterizar o carismático presidente

5 Evo Morales Aima. *Pour en finir avec l'État colonial*. Paris: L'Esprit frappeur, 2006, p.36.

venezuelano como um herdeiro das correntes de esquerda entre os militares venezuelanos que tentaram, no início dos anos 1960, vários levantes inspirados pela revolução cubana, e acabaram, em parte, por se unir aos grupos de guerrilha rural.[6]

Ainda é cedo demais para saber que direção irão tomar esses dois movimentos, sem dúvida os mais à esquerda da América Latina contemporânea – que contrastam muito com os de "centro-esquerda" do Brasil (Luiz Inácio Lula da Silva), do Uruguai (Frente Amplio) ou do Chile (Michèle Bachelet), convertidos ao social-liberalismo. Todos comprovam, cada um a sua maneira, a atualidade das idéias do combatente assassinado em outubro de 1967.

Cuba constitui um caso à parte. Após longo eclipse, durante os anos de alinhamento econômico, político e ideológico com a URSS (1969-1986), assiste-se a um retorno do interesse por Che – e não só enquanto símbolo do guerrilheiro heróico. Graças aos trabalhos de Carlos Tablada dedicados a seu pensamento econômico, à obra-testemunho de Orlando Borrego, aos brilhantes ensaios de Fernando Martínez Heredia e aos fervilhantes escritos de Celia Hart, o pensamento de Guevara volta ao debate político e intelectual na ilha. Sem falar, evidentemente, da publicação – bem tardia – de seu caderno de notas inédito, em 2006.

Em todas as manifestações da esfera de influência revolucionária na América Latina atualmente, percebem-se os traços, ora visíveis, ora invisíveis, do "guevarismo". Eles estão presentes tanto no imaginário coletivo dos militantes quanto em seus debates sobre os métodos, a estratégia e a natureza da luta. Pode-se considerá-los sementes que germinaram, durante esses últimos quinze anos, na cultura política da esquerda latino-americana, produzindo galhos, folhagem e frutos. Ou como um dos fios vermelhos com os quais se tecem, da Patagônia ao Rio Grande, os sonhos, as utopias e as ações revolucionárias.

---

6 Trata-se dos levantes de Carúpano e Puerto Cabello em maio-junho de 1962, que serão rapidamente reprimidos, mas cujos sobreviventes irão contribuir para fundar, em 1963, as Forças Armadas de Libertação Nacional (FALN), dirigidas por Douglas Bravo, principal movimento de guerrilha na Venezuela.

Os anos de fogo

A recepção do guevarismo hoje se distingue, em vários aspectos, daquela dos anos de fogo, entre 1960 e 1979, que viram o desenvolvimento de um movimento de guerrilha inspirado em Che. Esses combates deixaram marcas profundas na história do continente – marcas que os poderosos procuraram, por todos os meios, apagar das memórias. Mais uma razão para voltar a isso e evocar as figuras desses combatentes que não merecem ser esquecidos.

A América Latina daqueles anos está submetida à dominação econômica, política e militar esmagadora do Império norte-americano – que irá intervir várias vezes, diretamente pelo envio de tropas ou estimulando golpes de Estado militares. As massas camponesas, ou seja, a maioria da população, estão entregues ao poder brutal dos grandes proprietários de terras, e as desigualdades sociais se aprofundam à medida que o "desenvolvimento" econômico avança. Nessas condições sociais explosivas, a Revolução Cubana e sua evolução "ininterrupta" para o socialismo só podiam ter um impacto muito grande: uma série de movimentos em vários países da América Latina tentou seguir o exemplo da guerrilha da Sierra Maestra. É o caso da luta armada na Venezuela, dirigida pelo comunista dissidente Douglas Bravo, no Peru, com o Movimento da Esquerda Revolucionária (MIR), fundado por Luis de la Puente Uceda (morto pelo Exército em 1965), ou na Colômbia, em torno do Exército de Libertação Nacional (ELN), do qual participou o padre Camilo Torres – morto em um enfrentamento com os militares em 1966. *A guerra de guerrilha, um método* ou sua "Carta à Tricontinental" de 1967 contribuíram muito para a formação dessa corrente, cuja expressão mais importante será o Congresso da Organização Latino-Americana de Solidariedade (Olas), em 1º de agosto de 1967, em Havana.

Paradoxalmente, é depois do fracasso e do fim na Bolívia que o médico guerrilheiro virá a ser a principal referência política e moral para a esquerda revolucionária na América Latina, o exemplo e o ideal que inspiram aqueles que pegaram em armas contra as ditaduras no Brasil, Chile, Uruguai, Bolívia e América Central. Como escrevera Walter Benjamin na tese XII de *Sobre o conceito de história* (1940), é a memória dos antepassados vencidos e martirizados que inspira o combate presente das classes oprimidas.

O Brasil foi um dos primeiros países em que o guevarismo suscitou o aparecimento de várias organizações da esquerda armada, engajadas na resistência contra a ditadura militar instaurada em 1964. Entre as mais importantes: a Ação de Libertação Nacional (ALN), dirigida por Carlos Marighella, que rompera com o PC brasileiro e participara do Congresso da Olas em Havana; e o Movimento Revolucionário 8 de outubro (MR-8), cujo nome era uma homenagem ao dia do assassinato de Ernesto Guevara. Foi dirigido durante algum tempo pelo capitão Carlos Lamarca, oficial do Exército regular que passara, literalmente com armas e bagagens, para o lado da resistência. Após uma série de ações espetaculares durante os anos 1968-1971 – assaltos a bancos, embaixador norte-americano seqüestrado e trocado por dezenas de prisioneiros políticos, roubos de armas nos quartéis –, essas organizações foram desmanteladas pela Polícia e o Exército brasileiros, e seus membros, presos e torturados: Marighella cai numa emboscada em 1969, e Lamarca, num enfrentamento em 1971.

Nos outros países do continente, durante a década de 1970 – os "anos de chumbo" das ditaduras latino-americanas –, uma importante esfera de influência político-militar guevarista vem também à luz, cujas figuras emblemáticas são Raúl Sendic, fundador do Movimento de Libertação Nacional Tupamaros no Uruguai; Miguel Enríquez, principal dirigente do MIR chileno; e Roberto Santucho, do Partido Revolucionário dos Trabalhadores-Exército Revolucionário do Povo (PRT-ERP) argentino. Em 1972, durante um encontro dos representantes dessas três organizações – cada qual com milhares de partidários e combatentes –, Miguel Enríquez lançou a idéia de criar uma organização internacional, um "pequeno Zimmerwald" segundo suas palavras, como lembrança da cidade suíça onde se haviam reunido em 1915 os raros representantes da esquerda internacionalista, adversários da guerra imperialista. Essa proposta foi aceita pelos dois outros grupos, e logo o ELN da Bolívia – fundado por Che e dirigido pelos irmãos Peredo – aderiu à iniciativa. Após um período de consolidação de suas relações, será proclamada no início de 1974 a formação da Junta de Coordenação Revolucionária (JCR), composta pelas quatro organizações. A bandeira vermelha da

JCR tinha uma imagem de Che, símbolo do combate emancipador comum a elas. Contrariamente à Olas, a JCR não era uma iniciativa da direção cubana, embora tivesse laços fraternais com esta; a constituição dessa aliança marcou certa autonomia do guevarismo latino-americano em relação a Cuba.

O chamamento "Aos povos da América Latina" da JCR em abril de 1974 foi um documento impressionante, que projetava uma visão profundamente radical e subversiva na escala do continente. A formação da Junta era apresentada como um passo importante para "a concretização de uma das principais idéias estratégicas do comandante Che Guevara, herói, símbolo e precursor da revolução socialista continental". Tratava-se de organizar o combate para "a segunda independência, para a libertação nacional e social definitiva, para a eliminação definitiva do injusto sistema capitalista e para o estabelecimento do socialismo revolucionário".[7]

Embora tivessem alguns apoios no campo, esses movimentos armados eram essencialmente urbanos. Obtiveram apoio significativo na juventude universitária e intelectual, em certas periferias miseráveis e nos setores radicalizados da classe operária: o PRT estava implantado nos sindicatos de classe, o MIR nas *poblaciones* e os Tupamaros nas lutas operárias e camponesas; entretanto, permaneceram vanguardas minoritárias, por vezes excessivamente militarizadas. Vítimas da implacável repressão das ditaduras militares do Cone Sul, as organizações foram dizimadas pela tortura e por assassinatos: milhares de vítimas no Chile, dezenas de milhares de "desaparecidos" na Argentina – um verdadeiro crime contra a humanidade continua sem punição. Por volta de 1977, a Junta de Coordenação Revolucionária cessara praticamente de existir, seus principais dirigentes – Miguel Enríquez e Roberto Santucho – haviam sido assassinados ou – Raúl Sendic – presos em condições degradantes. De fato, foi toda uma geração de jovens que sacrificou a vida ou a liberdade num combate desigual contra o rolo compressor das ditaduras, ativamente apoiadas pelo governo norte-americano, o Pentágono e a CIA. Eles se enganaram, sem dúvida; sua estratégia não era

7 Michael Löwy. *Le Marxisme en Amérique Latine, de 1909 à nos jours*. Paris: Maspero, 1980, p.324, 328.

correta, nem sua tática: militaristas demais, vanguardistas demais. Não se pode negar a generosidade, o devotamento, a coragem e a aspiração revolucionária autêntica que os levaram ao combate, e a legitimidade moral e política de sua resistência às sinistras ditaduras do Cone Sul.

Em contrapartida, se levarmos em consideração a trágica experiência do Chile em setembro de 1973 – Allende derrubado pelo general Pinochet, depois a repressão sangrenta –, não tinham eles razão, os militantes guevaristas e os da esquerda revolucionária chilena em geral, que pediam há muito tempo que os trabalhadores se armassem para enfrentar um golpe militar? Sua palavra de ordem era: "*El pueblo armado jamás será aplastado*" ("O povo armado jamais será esmagado"). Luis Corvalán, secretário-geral do PC chileno, explicava doutamente que era preciso confiar nas tradições constitucionalistas e democráticas das Forças Armadas do Chile...

Alguns ex-militantes dessa geração, convertidos ao nacional-liberalismo, pretendem agora que o próprio Guevara e os guevaristas da América do Sul eram motivados por "pulsões suicidas". Nada está mais longe da verdade. Che, Miguel Enríquez ou Roberto Santucho amavam a vida, apaixonadamente. Cometeram erros, sem dúvida, subestimaram os riscos e uma relação de forças que lhes era desfavorável. Mas sua ação não era absolutamente suicida; muito pelo contrário: agiam por sentimento do dever, correndo risco de morrer, por uma causa justa e humana. Durante todos os anos de guerra de guerrilha e de luta armada na América Latina, não houve um único caso de atentado suicida, de ação camicase.

A influência do guevarismo exerceu-se também sobre outras correntes políticas, provocando dissidências em vários partidos comunistas, socialistas ou populistas – no sentido latino-americano da palavra –, como a Para peruana, da qual saíram Luis de la Puente, Guillermo Lobatón e seus camaradas do MIR. Os cristãos de esquerda, e mais tarde a Teologia da Libertação, foram igualmente atraídos pela figura e pelo martírio de Che – uma atração bem mais ampla do que os poucos membros do clero que se engajaram na ação revolucionária, como Camilo Torres ou seu sucessor na direção do ELN colombiano, o padre espanhol José Perez.

A corrente trotskista também conheceu o impacto do guevarismo, e não só na América Latina. A Juventude Comunista Revolucionária, criada na França em 1965, tinha no pensamento e na ação de Che uma de suas principais referências políticas e morais. Janette Habel, uma das fundadoras dessa organização "trotsko-guevarista" – antecedente da Liga Comunista Revolucionária – que ia desempenhar um papel importante em maio de 1968, declarava, num congresso de solidariedade ao Vietnã em Berlim, em fevereiro de 1968:

> A juventude da Europa ocidental deve inspirar-se no exemplo de Che, o revolucionário sem fronteiras. Nós devemos defender Che como uma bandeira ..., defender sua concepção de um homem novo, temperado na luta anti-imperialista, sua concepção do homem revolucionário, que é sensível ao destino de todos os explorados e luta, sem esperar nenhuma retribuição material por seus esforços, opondo a violência revolucionária à violência reacionária.[8]

Na Bolívia, os trotskistas do Partido Operário Revolucionário (POR), dirigido por Hugo González Moscoso, pediram para apoiar a guerrilha de Che em 1967 e tentaram, em vão, entrar em contato com ela; nos anos seguintes (1968-1971), o POR e o ELN guevarista estabeleceram laços de estreita cooperação política e militar. Um dos dirigentes do POR, Tomás Chambi, caiu em 1971 combatendo o golpe de Estado do general Banzer. No Chile, os trotskistas – especialmente o historiador Luis Vitale – participaram da fundação do MIR por volta de 1965. Quanto ao PRT argentino, durante seu primeiro período de existência – até 1972 –, era a seção argentina da IV Internacional. Esta havia, aliás, aprovado durante seu IX Congresso Mundial em 1969 uma resolução favorável à luta armada na América Latina – defendendo o papel político dos partidos de vanguarda contra a concepção estritamente foquista do combate. No Brasil, o Partido Operário Comunista (POC), partidário dessa orientação político-militar, aderiu à IV Internacional, mas foi destruído pela repressão depois que um de seus principais dirigentes, o

8 H. Sontag (Ed.) *Che Guevara und die Revolution*. Frankfurt: S. Fischer Verlag, 1968, p.106.

jovem Luis Eduardo Merlino, foi assassinado sob tortura pela polícia em 1971.

Evidentemente, os guevaristas não foram os únicos a praticar a guerrilha e a luta armada. Partidos comunistas – por exemplo, na Colômbia, através das Forças Armadas Revolucionárias da Colômbia (FARC) – e organizações maoístas, notadamente no Brasil e na Colômbia, também fizeram combates desse tipo, mas geralmente com um programa mais nacional-democrático do que socialista e segundo métodos distintos. Deixemos de lado o caso estranho do Sendero Luminoso, grupo maoísta peruano que afundou numa violência cega de tipo pol-potista.

Se tentarmos esboçar um balanço da primeira vaga guevarista, entre 1967 e 1977, nos países semi-industrializados do Cone Sul, só se pode constatar que todos esses movimentos fracassaram em derrubar as ditaduras e praticamente desapareceram sob os golpes da repressão policial e militar – exceto os Tupamaros no Uruguai, ao preço de uma transformação política profunda.

Se o guevarismo foi vencido em toda a parte no Cone Sul, o balanço nos países de estrutura ainda amplamente agrária – como em Cuba, na década de 1950 – da América Central é mais contrastado. Aqui, os movimentos de guerrilha de origem guevarista obtiveram, modificando sensivelmente sua estratégia política e militar, resultados importantes, especialmente na Nicarágua e, em menor medida, em El Salvador e na Guatemala. A Frente Sandinista de Libertação Nacional superou a concepção foquista por meio de uma abordagem mais ampla e diversificada, combinando guerrilha rural e ações urbanas, trabalho político nos bairros pobres e insurreições locais, alianças políticas e greves de massa. Mas, se ele não tivesse escolhido, sob a influência do guevarismo, a via do levante armado, não teria derrubado a ditadura somozista em julho de 1979. Em El Salvador, a Frente Farabundo Martí de Libertação Nacional conseguiu, no curso da década de 1980, constituir uma força política e militar profundamente implantada nas camadas pobres e excluídas das cidades e do campo; se ele não pôde, como a FSLN nicaragüense, "tomar o poder" – por causa do apoio militar dos Estados Unidos às ditaduras locais –, não deixou de impor, pelos acordos de paz, uma certa democratização do país. Um processo análogo ocorreu na Guatemala, onde vários movimentos de guerrilha, dos quais o Exército de Guerrilha do Povo

(EGP), de tendência guevarista, unificados na Unidade Revolucionária Guatemalteca (UNRG), também negociaram acordos – mas com resultados bem mais decepcionantes. Dito isso, pode-se considerar que, com a derrota dos sandinistas nas eleições na Nicarágua em 1990 e a assinatura da paz em El Salvador em 1992, o ciclo das guerras de guerrilha da América Central terminara.[9]

Como evoluiu essa geração engajada na luta armada contra as ditaduras depois do restabelecimento da democracia na América Latina nos anos 1980 e 1990? Alguns – sobretudo aqueles que eram próximos dos movimentos sociais – permaneceram fiéis aos seus ideais de mudança revolucionária, embora os métodos de luta tenham mudado. Outros, mais ligados às práticas institucionais do Estado – notadamente no Brasil –, evoluíram para o reformismo e o social-liberalismo. Entre esses dois pólos estende-se todo um leque de opções intermediárias.

Entre aqueles que "mudaram o fuzil de ombro", há um que mereceria um lugar numa versão atualizada da *História universal da infâmia*, de Jorge Luis Borges: o chamado Joaquin Villalobos, que foi o principal dirigente do Exército Revolucionário do Povo (ERP) de El Salvador, uma das organizações armadas que se desenvolveram no país durante a década de 1970. Entre os partidários do ERP figurava Roque Dalton, militante comunista, brilhante poeta e escritor, que, após anos de exílio em Cuba, voltara a El Salvador para participar da luta armada. Em 1975, sob a batuta de Joaquin Villalobos, Roque Dalton foi julgado por seus camaradas, condenado como "agente da CIA" e/ou "agente cubano", e executado em maio de 1975. Essa acusação era grotesca, não foi admitida pela esquerda latino-americana. Com seu desaparecimento, o movimento revolucionário perdia uma de suas figuras mais humanas e mais cativantes. Após a assinatura dos acordos de paz em El Salvador, Joaquin Villalobos converteu-se rapidamente ao social-liberalismo; estabelecido na Inglaterra, apoiou o governo de Tony Blair.

9 A melhor história da luta armada na América Latina é a obra de um revolucionário argentino exilado na Espanha, Daniel Pereyra, *Del Moncada a Chiapas. Historia de la luta armada en América Latina*, Madrid: Los libros de La catarata, 1995.

Nem todos optaram pela capitulação, longe disso. Entre aqueles que permaneceram fiéis a seus ideais de juventude, alguns souberam encontrar formas novas para prosseguir o combate pela emancipação dos oprimidos, como os fundadores do EZLN de Chiapas.

CAPÍTULO 6

DO INTERNACIONALISMO DO CHE AO ALTERMUNDIALISMO, DA TRICONTINENTAL À INTERCONTINENTAL

O internacionalismo de Ernesto Guevara

Para Che, o internacionalismo revolucionário não era um tema edificante para discursos de 1º de maio. Como para os fundadores da Internacional Comunista em 1919, ele era ao mesmo tempo modo de vida, ideal supremo, fé secular, imperativo categórico e pátria espiritual. Não se pode compreender esta significação profunda do internacionalismo de Che a não ser à luz de seu humanismo revolucionário.[1]

O internacionalismo é um imperativo estratégico no combate contra o imperialismo – ele constitui o tema central de sua "Carta à Tricontinental" (1967) –, mas é também uma alta exigência moral: internacionalista é aquele que sente "como uma afronta pessoal toda agressão, toda afronta à dignidade e à felicidade do homem, em qualquer lugar do mundo".[2]

---

1 "A revolução cubana ... é uma revolução com um caráter humanista. Ela é solidária de todos os povos oprimidos do mundo", Ernesto Che Guevara, "Discours à Punta del Este", agosto de 1961, *Obra Revolucionaria*, México, 1968, p.422.

2 *Textes politiques*, op. cit., p.118, 137; "Criar dois, três, uma quantidade de Vietnãs, essa é a ordem", Mensagem à Tricontinental, *Justice globale*, op. cit., p.63.

Evidentemente, o internacionalismo deve ser não só sentido, mas também e sobretudo praticado, pela solidariedade real e agindo entre os povos que lutam contra o imperialismo e pela ajuda econômica e militar dos países socialistas às nações que se empenham na via da libertação. Inspirado por esses princípios, no célebre e retumbante discurso de Argel pronunciado em fevereiro de 1965, Che conclama os países socialistas industrializados a não estabelecer seu comércio com os países subdesenvolvidos sobre a base das relações de troca desigual instauradas segundo a lei do valor.

O internacionalismo não é só um imperativo moral para o comunismo conseqüente, a manifestação política verdadeira dos valores humanistas, mas também e sobretudo uma necessidade prática e real da luta revolucionária contra o inimigo imperialista comum.

Uma estratégia mundial contra o imperialismo

Guevara conscientizou-se rapidamente do caráter continental da luta cuja primeira baliza era a revolução cubana. Em sua "Mensagem aos argentinos", de 25 de maio de 1961, no aniversário da rebelião anticolonial que sacudiu a Argentina em 1910, Che lembra o precedente histórico das lutas na escala continental contra a tutela espanhola, no século XIX, e insiste na ajuda recíproca que os exércitos rebeldes dos diferentes países latino-americanos tinham dado uns aos outros. Reatava assim com a tradição "bolivariana" da América Latina, dando-lhe, porém, um conteúdo proletário e socialista.[3]

Mas foi provavelmente a crise dos mísseis de Cuba, em outubro de 1962, e a ameaça iminente de uma invasão norte-americana da ilha, que fez da revolução continental o centro de suas preocupações. Num ensaio escrito nesse período, "A

3 "Foi mais do que um altruísmo das forças revolucionárias, foi uma necessidade imperiosa, foi um imperativo da estratégia militar para obter uma vitória de proporção continental, porque não podia haver vitórias parciais, porque não podia haver outro resultado senão o triunfo total ou a derrota total das idéias revolucionárias. E aquele momento da América se repete hoje...", Ernesto Che Guevara, "Mensaje a los Argentinos".

tática e a estratégia da revolução latino-americana", Che estava convicto de que os Estados Unidos interviriam sempre, cedo ou tarde, contra as revoluções latino-americanas, por solidariedade de interesses e porque a influência que têm na América Latina é determinante para eles. Conclui pela necessidade de uma resposta organizada na escala do continente: "Nestas condições, nós pensamos que é difícil, na América, chegar à vitória num país isolado. À união das forças de repressão, é preciso responder pela união das forças populares. Em todos os países onde a opressão se torna insustentável, é preciso brandir a bandeira da revolta, e essa bandeira assumirá, por necessidade histórica, um sentido continental. Como disse Fidel, a cordilheira dos Andes é chamada a tornar-se a Sierra Maestra da América".[4]

Quanto à guerrilha boliviana de 1967, sabe-se que Guevara a concebia precisamente como a primeira etapa de uma revolução continental, cujas ramificações prioritárias deviam ser o Peru e a Argentina, depois, mais tarde, o Paraguai e o Brasil. Che não ignorava de forma alguma que a própria revolução latino-americana só constituía uma parte de um movimento mais amplo, o movimento imenso desta "humanidade que disse basta e se pôs em marcha", segundo a fórmula de sua última frase na declaração de Havana, que se tornou a palavra de ordem da Tricontinental.

Seu interesse pela dimensão mundial da guerra contra o imperialismo desenvolvera-se desde as primeiras viagens "diplomáticas" nos países do Terceiro Mundo (1959). Em um artigo de setembro de 1959, publicado na revista mexicana *Humanismo*, Che já definia a fraternidade antiimperialista em termos marxistas de classe, ou seja, de internacionalismo proletário:

> Não é verdade que nossa fraternidade ultrapassa as distâncias, as diferenças de língua e a ausência de vínculos culturais estreitos e nos une na luta? Não é verdade que um operário japonês está mais próximo de um trabalhador argentino, de um mineiro boliviano, de um homem que trabalha para a United Fruit, ou de um cortador cubano de cana-de-açúcar, do que de um samurai japonês?[5]

4 *Textes politiques*, op. cit., p. 84.
5 *Selected Works*, op. cit., p.44.

Mas o elemento que mais contribuiu para formar sua perspectiva estratégica internacional foi a guerra revolucionária do povo vietnamita. Che pertence a uma geração para a qual a Guerra do Vietnã desempenhou o mesmo papel polarizador que a Guerra Civil Espanhola para a geração anterior, cristalizando à sua volta, "acontecimento revelador", a consciência internacionalista em escala mundial. Já em 1963, em conseqüência do primeiro grande impulso da guerrilha da FLN, Che sublinhava que os vietnamitas eram "um povo de soldados de vanguarda nas primeiras trincheiras do proletariado mundial contra o imperialismo" e que a luta deles era extremamente importante para todo o futuro da América.[6] E é no Vietnã que ele pensa quando proclama em Argel, em 1965:

> Não há fronteiras nesta luta até à morte. Não podemos permanecer indiferentes ante o que se passa em outras partes do mundo, pois toda vitória de um país sobre o imperialismo é uma vitória para nós, assim como toda derrota de uma nação é uma derrota para nós. A prática do internacionalismo proletário não é somente um dever para os povos que lutam por um futuro melhor, é também uma necessidade inelutável.[7]

É após 1965, ante a "escalada" norte-americana, a intervenção aberta e maciça do exército imperialista no Vietnã, que Guevara formula de modo explícito e preciso sua estratégia revolucionária mundial, cuja primeira expressão pública é a "Mensagem à Tricontinental" em 1967. Neste texto fulgurante e incisivo, Che precisa os seguintes temas:

- O imperialismo, fase suprema do capitalismo, é um sistema mundial, e é preciso vencê-lo num enfrentamento mundial, vasto e prolongado.
- Para lutar contra o inimigo comum do gênero humano, o imperialismo norte-americano, os países socialistas e seus partidários devem unir esforços, apesar de suas divergências. A forma atual dessas divergências constitui uma

---

6 *Textes politiques*, op. cit., p.207, 210

7 *Textes politiques*, op. cit., p.266; "Créer deux, trois, une multitude de Vietnam, telle est la consigne...", *Justice globale*, op. cit., p.122.

fraqueza, mas a união necessária acabará por se impor, sob a pressão dos golpes do inimigo.

- Nesse combate gigantesco, a tarefa histórica dos povos do Terceiro Mundo é eliminar as bases de subsistência do imperialismo nos países subdesenvolvidos, fontes de lucro e de matéria-prima, mercados para os produtos da metrópole, submetidos hoje a uma dependência absoluta.
- Precisamos hoje de uma estratégia global para a guerra contra o imperialismo, capaz de ajudar eficazmente o destacamento de vanguarda do proletariado mundial: o Vietnã. Quer dizer que é preciso criar dois, três, vários Vietnã para obrigar o imperialismo a dispersar suas forças.

Era a primeira vez, desde há muito tempo, que um dirigente comunista de envergadura mundial tentava esboçar uma estratégia revolucionária internacional que não fosse em função dos interesses de um Estado. Também nesse sentido, o pensamento de Che significa uma volta às origens, à Internacional Comunista dos primeiros anos (1919-1924), antes que ela se tornasse pouco a pouco um instrumento a serviço da política exterior da URSS de Stalin.

Por outro lado, esse apelo não era um desejo abstrato e platônico. Foi escrito do fundo da floresta boliviana por um homem que tentava cumprir o que pregava e que sacrificou sua vida por esse objetivo: trazer ajuda ao combate do povo vietnamita abrindo um segundo *front* na América Latina. Tudo isso explica o eco retumbante desse documento nos quatro cantos do globo.

O apelo era destinado à Organização de Solidariedade dos Povos da Ásia, África e América Latina e tinha por eixo central o papel dos povos desses três continentes. Isso não significa, porém, que a concepção de Che era um "terceiro-mundismo" vago, desprovido de conteúdo político claro. Nada é mais falso do que a tese difundida por certos intérpretes superficiais e equívocos, segundo a qual, para Che, "a verdadeira contradição não era entre capitalismo e comunismo, mas entre países desenvolvidos e subdesenvolvidos".[8] Para Guevara, a revolução mundial contra

8 Tese defendida por Andrew Sinclair, in *Guevara*, London: Fontana, Collins, 1970, p.75.

o imperialismo era concebida em termos de classe e seu objetivo último era, sem sombra de dúvida, a instauração do comunismo em escala planetária. Além disso, reconhecendo que a combatividade dos operários dos países imperialistas estava enfraquecida, ele não caía de modo algum num niilismo antieuropeu e profetizava no apelo à Tricontinental que na Europa "as contradições atingiriam nos próximos anos um caráter explosivo" – não foi preciso um ano para que ocorresse Maio de 1968! – e que a luta de classes acabaria por surgir no próprio coração da metrópole imperialista norte-americana.

Para criticar a política econômica externa dos países do "socialismo real", Che se apóia também no internacionalismo. Essa questão é retomada várias vezes nas *Notas críticas sobre o Manual de Economia Política* soviético, de 1966. Enquanto os autores da obra oficial da Academia da URSS elogiam "a ajuda mútua" entre países socialistas, o ex-ministro da Indústria cubano é obrigado a constatar que isso não corresponde à realidade:

> Se o internacionalismo proletário presidisse os atos dos governos de cada país socialista ..., seria um sucesso. Mas o internacionalismo é substituído pelo chauvinismo (de grande potência ou de pequeno país) ou pela submissão à URSS ... Isso atenta contra todos os sonhos honestos dos comunistas do mundo.

Algumas páginas depois, no comentário irônico de uma afirmação do *Manual*... sobre a divisão do trabalho entre países socialistas, fundada numa "fraternal colaboração", Guevara observa:

> O ninho de cobras [*olla de grillos*] que é o CAME[9] desmente esta afirmação na prática. O texto se refere a um ideal que poderia se estabelecer somente por uma verdadeira prática do internacionalismo proletário, mas este está lamentavelmente ausente hoje.

No mesmo sentido, outra passagem constata, com amargura, que, nas relações entre países ditos socialistas, encontram-se "fenômenos de expansionismo, de troca desigual, de concorrência, até um certo ponto de exploração e certamente de submissão

9 Conselho de Ajuda Econômica Mútua, espécie de Mercado Comum dos países do "socialismo real".

dos Estados fracos aos fortes". Enfim, quando o *Manual...* evoca a necessidade, para o Estado, da "construção do comunismo", o crítico faz esta pergunta retórica: "Pode-se construir o comunismo num só país?".[10] Outra observação interessante vai no mesmo sentido: Lenin, observa o Che, "afirmou nitidamente o caráter universal da revolução, coisa que em seguida foi negada",[11] referência transparente ao "socialismo num só país"...

O altermundialismo e a Intercontinental

As formas que o altermundialismo toma atualmente são diferentes daquelas de quarenta anos atrás. Guerras de intervenção imperialistas ainda continuam, neste início do século XXI, a esmagar com obuses os povos de países na periferia do sistema, e a necessidade de um combate comum contra a guerra e a dominação imperialista permanece atual. Entretanto, não se encontram, infelizmente, no Afeganistão, no Iraque – amanhã no Irã? –, diante das tropas norte-americanas e seus aliados atlânticos, combatentes com um programa e um objetivo emancipador – com todos os limites resultantes de um centralismo autoritário –, como eram os do FLN sul-vietnamita ou do exército popular de Giap e de Ho Chi Minh; ou ainda, na África, as forças de libertação das colônias portuguesas, em Angola, Moçambique ou Guiné-Bissau. Movimentos tão retrógrados e opressivos quanto os talibãs ou al-Qaeda não podem, evidentemente, exercer a mesma atração que tinham, nas décadas de 1960 e 1970, os revolucionários do Terceiro Mundo.

Não por acaso, o grande acontecimento internacionalista de 1967, a Tricontinental, era uma assembléia das forças revolucionárias dos países da Ásia, África e América Latina. Sem ser um "terceiro-mundista limitado", Guevara via também os países dependentes ou coloniais como o centro vivo da luta contra o imperialismo e por uma nova sociedade.

---

10 Embora Trotski nunca seja mencionado nessas *Notas*, não se pode senão constatar a analogia entre essa observação e as posições da oposição comunista de esquerda de 1927.

11 *Apuntes críticos a La Economía política*, op. cit., p.130, 190-1, 228.

Ora, o novo internacionalismo do século XXI foi inaugurado por uma reunião convocada pelo Exército Zapatista de Libertação Nacional nas montanhas de Chiapas em 1996: o Encontro Intercontinental – na linguagem irônica do subcomandante Marcos: "intergaláctico" – pela humanidade e contra o neoliberalismo. Não por acaso, foi um movimento revolucionário de origem guevarista que convocou aquela memorável reunião da qual participaram milhares de sindicalistas, de militantes camponeses, indígenas, intelectuais, estudantes e ativistas das diferentes correntes da esquerda, provenientes de quarenta países do mundo inteiro – inclusive muitos da Europa e dos Estados Unidos. Mas a dinâmica da Intercontinental era outra, mais "universal" que a da Tricontinental, e com métodos de luta distintos, menos centrados na violência (apesar de não serem "não violentos").

O movimento de luta mundial contra a dominação brutal do capitalismo neoliberal nasceu nos vilarejos indígenas de Chiapas e teve seu batismo de fogo nos combates de rua de Seattle em 1999, contra a reunião da Organização Mundial do Comércio (OMC). Che Guevara, de todos os grandes revolucionários do século XX, é provavelmente o mais popular no movimento *altermundialista.*

O movimento altermundialista é sem dúvida o mais importante fenômeno de resistência anti-sistêmico do início do século XXI. Essa vasta nebulosa, "movimento dos movimentos", toma forma visível por ocasião dos Fóruns Sociais – regionais ou mundiais – e das grandes manifestações de protesto contra a OMC, o G-8 ou a guerra imperialista no Iraque. Ampla rede descentralizada, ela é múltipla, diversa e heterogênea, associando sindicatos operários e movimentos camponeses, ONGs e organizações indígenas, movimentos de mulheres e associações ecológicas, intelectuais e jovens ativistas. Longe de ser uma fraqueza, sua pluralidade é uma das fontes da força, crescente e em expansão, do movimento.

As solidariedades internacionais que nascem no interior dessa vasta rede são de um tipo novo, um pouco diferente daquelas que caracterizaram as mobilizações internacionalistas da década de 1960, na época de Che.

A solidariedade se manifestava então como *apoio* a movimentos de libertação, sobretudo nos países do Sul – revoluções argelina, cubana, vietnamita. Essa tradição, generosa e fraternal, de solidariedade *com* os oprimidos não desapareceu, longe disso, no novo movimento por uma justiça global que se constituiu ao longo da década de 1990. Exemplo evidente, os testemunhos imediatos e espontâneos de simpatia e de apoio ao neozapatismo, por ocasião do levante dos indígenas de Chiapas em 1º de janeiro de 1994. Mas, nesse contexto, viu-se aparecer algo de novo, uma mudança de perspectiva: os participantes do encontro intercontinental de 1996 vinham também em solidariedade aos zapatistas, mas eles tinham um objetivo, definido por estes últimos, muito mais amplo, a procura de convergências em vista de uma *luta comum* contra o adversário comum, o neoliberalismo, e o debate de alternativas possíveis para a humanidade.

Eis, portanto, a nova característica das solidariedades que se tecem no interior do movimento de resistência global à globalização capitalista: o combate definido em função de objetivos imediatos, comuns a todos – por exemplo, pôr em xeque a OMC –, e a busca comum de novos paradigmas de civilização. Em outros termos: mais do que uma solidariedade *com*, é uma solidariedade *entre* organizações, movimentos sociais ou forças políticas diversas de diferentes países e continentes, que se ajudam mutuamente e se associam num *mesmo combate*, para se opor a um mesmo adversário planetário.

Para dar um exemplo: a rede camponesa internacional Via Campesina reúne movimentos tão diversos quanto a Confederação Camponesa Francesa, o Movimento dos Sem Terra do Brasil ou grandes movimentos camponeses na Índia. Essas organizações se apóiam mutuamente, trocando experiências, e agem em comum contra as políticas neoliberais e seus aproveitadores: as multinacionais do agronegócio, os monopólios dos produtores de sementes, os fabricantes de transgênicos, os grandes proprietários de terras. Sua solidariedade é recíproca. Juntas, elas constituem um dos mais poderosos, ativos e vivos componentes do movimento mundial contra a globalização capitalista. Poder-se-ia dar outros exemplos, no domínio sindical, feminista – a Marcha Mundial das Mulheres –, ecológico ou político.

A dinâmica do movimento altermundialista comporta três momentos distintos, complementares: a negatividade da resistência, as propostas concretas e a utopia de um outro mundo.

O primeiro momento, ponto de partida do movimento, é a recusa, o protesto, a necessidade imperativa de resistir ao estado de coisas existente. Ele constitui de fato esta "internacional da resistência", que Jacques Derrida convocava em seu livro *Spectres de Marx* (1993). A motivação inicial das multidões que se mobilizaram em Seattle em 1999 era a vontade de se oporem, ativamente, não à "globalização" em si, mas à sua forma capitalista e liberal, à *corporate globalization* com seu cortejo de injustiças e de catástrofes: desigualdades crescentes entre o Norte e o Sul, desemprego, exclusão social, destruição do meio ambiente, guerras imperiais, crimes contra a humanidade. O movimento nascera, como vimos, com o grito, lançado pelos zapatistas, em 1994, *Ya basta!*, "Já basta!". Na expressão dessa negatividade radical, produzida por uma profunda e irredutível indignação, reencontra-se, sob formas novas, o espírito guevarista de rebelião permanente. Celebrando a dignidade da indignação e da incondicional recusa da injustiça, Daniel Bensaïd escrevia:

> A corrente ardente da indignação não é solúvel nas águas mornas da resignação consensual. ... A indignação é um começo. Uma maneira de se levantar e se pôr a caminho. Primeiro se indignar, se insurgir, e depois se vê.[12]

A radicalidade do movimento deve-se, em grande medida, a essa capacidade de revolta e de insubmissão, dessa disposição intratável a dizer não! Os críticos do movimento e a mídia conformista insistiram pesadamente no caráter excessivamente "negativo" do movimento, sua natureza "puramente" protestatária, a ausência de propostas alternativas "realistas". Essa chantagem é inadmissível: mesmo que o movimento não tivesse uma única proposta a fazer, sua revolta não deixaria de ser *totalmente justificada*. Os protestos de rua contra a OMC, contra o G-8 ou contra a guerra imperialista são a expressão concentrada, visível e incontornável dessa desconfiança ante as regras do jogo impostas pelos poderosos. O movimento orgulha-se de sua negatividade em ação, de sua fibra protestatária e rebelde. Sem esse sentimento radical de recusa, o movimento altermundialista não existiria.

---

12 Daniel Bensaïd. *Les Irréductibles. Théorèmes de la résistance à l'air du temps.* Paris: Textuel, 2001, p.106.

Contra qual adversário se dirige essa recusa? Trata-se das instituições financeiras internacionais (OMC, FMI, Banco Mundial)? Ou das políticas neoliberais? Ou ainda dos grandes monopólios multinacionais? Todas essas forças, responsáveis pela mercantilização do mundo, são os alvos do movimento. Mas este é mais radical. Essa palavra significa ir à raiz dos problemas. Ora, qual é a raiz da dominação totalitária dos bancos e dos monopólios, da ditadura dos mercados financeiros, das guerras imperialistas, senão o próprio sistema capitalista? É certo que nem todos os componentes do movimento altermundialista estão prontos a tirar essa conclusão: alguns continuam a sonhar com uma volta ao neokeynesianismo, o crescimento dos Trinta Anos Gloriosos ou um capitalismo regulamentado, de rosto humano. Esses "moderados" têm muito espaço no movimento, mas é inegável que uma tendência mais radical tende a predominar. A maioria dos documentos provenientes do movimento questiona não só as políticas neoliberais e belicistas, mas o próprio *poder do capital*. Tomemos como exemplo a "Carta de Princípios do Fórum Mundial", redigida pelo Comitê Organizador brasileiro – do qual fazem parte não só sindicatos operários e movimentos camponeses, mas também ONGs e um representante da comissão Justiça e Paz da Igreja Católica – e aprovada, com algumas modificações, pelo Conselho Internacional do FSM. Esse documento, um dos mais representativos e "consensuais" do movimento altermundialista, afirma:

> O Fórum Social Mundial é um espaço de encontro aberto visando aprofundar a reflexão, o debate de idéias democráticas, a formulação de propostas, a troca sem entraves de experiências, e a articulação com vistas a ações eficazes, de instâncias e de movimentos da sociedade civil que se opõem ao neoliberalismo e à dominação do mundo pelo capital e toda forma de imperialismo, e que se dedicam a construir uma sociedade planetária cujo eixo é o ser humano. ... As alternativas propostas no FSM se opõem a um processo de globalização capitalista comandada pelas grandes empresas multinacionais.[13]

---

13 Anexo a Bernard Cassen, *Tout a commencé à Porto Alegre...*, Paris: Mille et une nuits, 2003, p.166.

A principal palavra de ordem do movimento, "o mundo não é uma mercadoria", não se afasta muito das idéias de um tal Karl Marx, que escrevia nos *Manuscritos de 1844*: no sistema capitalista, "o operário torna-se uma mercadoria tanto mais vil quanto mais mercadorias ele cria. A depreciação do mundo dos homens aumenta na razão direta da valorização do mundo das coisas".[14]

A radicalidade da recusa altermundialista ataca inegavelmente a natureza capitalista da dominação – ainda um aspecto em que as idéias do movimento encontram as do revolucionário argentino-cubano.

Entretanto, contrariamente ao que pretendem os escribas do consenso oficial, o movimento não carece de *propostas alternativas*, concretas, urgentes, práticas e imediatamente aplicáveis. É certo que nenhuma instância aprovou um "programa comum", e nenhuma força política impôs "seu" projeto. Mas foi esboçado, ao longo dos fóruns e dos debates, desde Seattle e desde o primeiro FSM de Porto Alegre em janeiro de 2001, um conjunto de reivindicações que são, senão unânimes, pelo menos largamente aceitas e endossadas pelo movimento: a abolição da dívida do Terceiro Mundo, a taxação das transações financeiras (inspirada na famosa taxa Tobin), a supressão dos paraísos fiscais, a moratório sobre os OGM, o direito dos povos à soberania alimentar, a igualdade efetiva entre homens e mulheres, a defesa e a extensão dos serviços públicos, a prioridade da saúde, da educação e da cultura, a proteção do meio ambiente. Essas reivindicações foram elaboradas por redes internacionais altermundialistas – Marcha Mundial das Mulheres, Attac, Focus on Global South, Via Campesina, Comitê para a Abolição da Dívida do Terceiro Mundo etc. – e por diferentes movimentos sociais, e debatidas nos Fóruns. Uma das grandes qualidades desses últimos terá sido permitir o encontro e a escuta recíproca entre feministas e sindicalistas, crentes e não-crentes, militantes do Norte e do Sul. Nesse processo de confrontação e de enriquecimento mútuo, os desacordos não desapareceram, mas pouco a pouco começaram a desenhar-se os contornos de um conjunto de propostas comuns.

---

14 Karl Marx, *Manuscrits de 1844*. Paris: Éditions sociales, 1962, p.57.

Estas propostas são "realistas"? A pergunta está mal colocada. Na relação de forças existente, as elites e as classes dominantes recusam-se em bloco a considerá-las; elas permanecem inimagináveis para o "pensamento único" neoliberal, são intoleráveis para os representantes do capital – ou, na versão hipócrita dos social-liberais, elas são "infelizmente irrealizáveis". Mas basta que a relação de forças mude e as opiniões públicas se mobilizem, para que os "responsáveis" sejam obrigados a recuar, a fazer concessões, tentando esvaziá-las de sua substância. Mas o importante dessas propostas é que elas são extensíveis: toda vitória parcial, toda conquista, todo avanço, permite passar à etapa seguinte, à etapa superior, a uma reivindicação mais radical. Sob uma forma diferente da do movimento operário tradicional, é uma dinâmica "transitória" que conduz, por fim, a questionar o próprio sistema.

Chegamos aqui ao terceiro momento, tão importante quanto os precedentes: a *dimensão utópica* do movimento. Também ela é radical: "Um outro mundo é possível". Não se trata simplesmente de corrigir os excessos do mundo capitalista e de suas monstruosas políticas neoliberais, mas de sonhar, e de lutar por *uma outra civilização*, um outro paradigma econômico e social, uma outra forma de viver junto no planeta. É à luz dessa ambição que convém retomar a herança ética, revolucionária e humanista de Ernesto Che Guevara. A utopia altermundialista manifesta-se antes de tudo no compartilhamento de certos *valores comuns*, que esboçarão os contornos deste outro "mundo possível", profundamente humano.

O primeiro destes valores é *o próprio ser humano*. A utopia do movimento permanece resolutamente humanista, ela exige que as necessidades, as aspirações dos seres humanos se tornem o centro vital de uma reorganização da economia e da sociedade. A revolta contra a mercantilização dos homens e das mulheres, e das relações entre eles, contra a transformação do amor, da cultura, da vida, da saúde, em bens vendáveis, contra a mercantilização e o comércio dos corpos, dos órgãos e das pessoas, é mais do que nunca atual, visto que segundo a doutrina neoliberal qualquer coisa deve poder dar lugar à concorrência, a uma valorização e à sua comercialização... É preciso urgentemente pensar num outro modelo social, longe da reificação absoluta e do fetichismo. Não é por acaso que o movimento se dirige a todos os humanos, mesmo que privilegie os oprimidos e explorados como atores da mudança social. A defesa do meio ambiente é também de inspiração humanista: preservar o equilíbrio ecológico, impedir a catástrofe da mudança climática, proteger a natureza contra as terríveis destruições do produtivismo capitalista é a condição para assegurar a continuidade da vida humana no planeta.

Outro valor essencial da utopia altermundialista, hoje atacado pela financeirização capitalista, é *a democracia*. A idéia de democracia participativa como forma superior de exercício da cidadania, além dos limites dos sistemas representativos tradicionais – porque permite à população exercer diretamente seu poder de decisão e controle –, é um dos temas centrais do movimento. Trata-se de um valor "utópico", uma vez que ele questiona as formas de poder existentes, mas que ao mesmo tempo já foi posto em prática, de forma experimental, em numerosas cidades. O grande desafio, do ponto de vista de um projeto de sociedade alternativa, é estender a democracia ao campo econômico e social. Por que permitir, nesta área, o poder exclusivo de uma elite que se rejeita na esfera política? Resta aplicar esses princípios democráticos ao próprio movimento e aos Fóruns Sociais Mundiais, um processo que ainda procura seu caminho e é permeado de contradições.

O capital substituiu os três grandes valores revolucionários do passado – *liberdade*, *igualdade*, *fraternidade* – por conceitos mais "modernos": liberalismo, eqüidade, caridade. A utopia altermundialista retoma por sua conta os valores de 1789, mas dando-lhes novo alcance: assim a liberdade é não só liberdade de expressão, de organização, de pensamento, de crítica, de manifestação – duramente conquistada por séculos de luta contra o absolutismo, o fascismo e as ditaduras –, mas também, e hoje mais do que nunca, liberdade em relação a outra forma de absolutismo: o da ditadura dos mercados financeiros e da elite dos banqueiros e chefes de empresas multinacionais que impõem seus interesses ao conjunto do planeta. Quanto à igualdade, ela concerne não só à "fratura social" entre ricos e despossuídos, mas também à desigualdade entre nações, entre etnias, entre os homens e as mulheres. Enfim, a fraternidade – que parece se limitar aos irmãos (*frates*) – ganha ao ser substituída pela *solidariedade*, ou seja, por relações de cooperação, de repartição, de ajuda mútua. A expressão *civilização da solidariedade* é um bom resumo do projeto alternativo do movimento. Isso significa não só uma estrutura econômica e política radicalmente diferente, mas, sobretudo, uma sociedade alternativa que celebra as idéias de bem comum, de interesse geral, de direitos universais, de gratuidade.

Outro valor importante do altermundialismo é a *diversidade*. O mundo novo sonhado pelo movimento é exatamente o contrário de um universo homogêneo, onde todos devem imitar um modelo único. Nós queremos, diziam os zapatistas, "um mundo no qual diferentes mundos tenham lugar". A pluralidade das línguas, das culturas, das músicas, das comidas, das formas de vida é uma riqueza imensa que é preciso saber cultivar.

Esses valores não definem um paradigma de sociedade para o futuro. Eles fornecem pistas, aberturas. O caminho para a utopia não está todo traçado; são os próprios caminhantes que o traçarão.

Para muitos dos participantes dos fóruns e das manifestações, *socialismo* é o nome dessa utopia. É uma esperança compartilhada por marxistas e libertários, cristãos e ecologistas de esquerda, assim como por um número significativo de militantes dos movimentos operários, camponeses, feministas ou indígenas. Uma democracia socialista significa que, como propunha Ernesto Che Guevara em suas *Notas críticas sobre o Manual de Economia Política* soviético, as grandes escolhas socioeconômicas, as prioridades em matéria de investimentos, as orientações fundamentais da produção e da distribuição, são democraticamente debatidas e determinadas pela própria população, e não por um punhado de exploradores segundo pretensas "leis de mercado" (ou ainda, variante já falida, por um *bureau* político todo-poderoso).

O socialismo deve ser, com efeito, uma democracia total pela qual o povo governa a si mesmo, por si e para si, com igualdade política e social. Uma sociedade sem classes que garante a liberdade individual de cada um poder gozar de uma emancipação nova, libertado do jugo da exploração econômica como das servidões políticas e hierárquicas. Em suma, um mundo capaz de realizar a divisa marxista: "De cada um conforme suas possibilidades, a cada um conforme suas necessidades".

Existem algumas pistas para chegar lá. Generalizando o princípio de gratuidade, que só existe parcialmente na prestação de certos serviços públicos, a sociedade pode restringir o papel do dinheiro à sua expressão mais simples – a mesada, em suma. Para se proteger da ditadura do mercado, e combater o desperdício daí decorrente, a população pode programar, ou seja, planejar, a fabricação dos bens, das riquezas e dos serviços a fim de satisfazer o bem-estar de cada um, o mais próximo das necessidades reais. Pois ninguém está mais bem situado do que o povo para estimar suas próprias exigências e saber por que, como e com quem é preciso produzir. Os moradores, nos bairros, estão mais habilitados do que ninguém para saber o tipo de habitação, de transporte, de vias ou de espaços públicos que precisam. Nas cidades, os habitantes são os mais capazes para saber o número de escolas, hospitais ou empresas de que necessitam. E, nas empresas, os assalariados podem, sem ser parasitados pelos superiores hierárquicos, satisfazer as encomendas que a sociedade requer. Enfim, na escala de uma região, de um país – amanhã de um continente e do planeta –, cabe à população controlar as riquezas. Ela pode decidir, por um planejamento democrático, as prioridades da produção e do consumo, os investimentos nas indústrias novas – energia renovável, por exemplo – e o abandono de produções antigas – energia nuclear, por exemplo.

Essa autogestão socialista é a forma mais democrática da sociedade. Embora estivesse consciente disso, Guevara se opunha à autogestão a partir do momento em que a descentralização das empresas rimava com autonomia financeira das unidades de produção, pois ele via aí uma forma inelutável de concorrência. Com razão, ele combatia todos os resíduos e todos os espaços remanescentes da economia de mercado. A autogestão coloca fundamentalmente a questão da propriedade dos grandes meios de produção dos quais se dota um sistema. Pois, nesse nível, "a propriedade é o poder". Quem decide? Uma democracia que não é desequilibrada é aquela que permite decidir todas as escolhas públicas, igualmente na área econômica, nos bancos das assembléias democraticamente eleitas. Nessa perspectiva, o planejamento, caro a Che, não contradiz a autogestão. O socialismo, se não se limitar a palavras vãs, não se pode resumir a um governo que troca de mãos. Pois o Estado não é neutro. E para estabelecer novas instituições, que funcionem de baixo para cima e não em sentido inverso, é preciso livrar-se da antiga estrutura estatal e criar mecanismos de controle democrático. Guevara chegara à conclusão, por sua própria experiência, que era impossível mudar a sociedade sem mudar de sociedade. Esse tipo de mudança implica, por fim, a substituição do Estado por formas de poder não estatais, fundadas na participação popular direta – conselhos, assembléias.

No debate sobre o *socialismo no século XXI*, que se desenvolve com uma energia crescente, não só na Venezuela, mas em toda a América Latina e além dela, a herança do marxismo humanista e revolucionário de Che é uma das grandes referências morais e políticas. A busca por um socialismo reabilitado não é o sonho de um punhado de irredutíveis. Ela tem de utópico o fato de se projetar no futuro, para tentar imaginar, amanhã, com o que se poderia parecer uma sociedade alternativa ao capitalismo. Mas ela permanece também um movimento real, em gestação permanente na sociedade atual, que suprime a ordem existente a partir de suas próprias contradições. Pois o capitalismo gera a exploração, as desigualdades, as guerras, e, portanto, as revoltas humanas. Ao se desenvolver, ele cria, contra sua vontade, as condições sociais potenciais de sua própria derrubada. Por exemplo, hoje, em todo o planeta, o número de explorados – daqueles que vendem sua força de trabalho manual ou intelectual para viver – nunca foi tão importante. "Este número imenso que nunca soube sua força", como já então gostava de lembrar a partidária da Comuna de Paris Louise Michel.[15] O paradoxo dos tempos modernos reside nesta contradição: jamais essa nova classe salarial foi tão imponente; jamais, provavelmente, sua consciência de existir enquanto classe foi tão reprimida. "Dividir para melhor reinar" é a máxima das classes possuidoras. Guevara propunha combatê-la pela mais ampla unidade popular, tanto para resistir quanto para construir uma nova sociedade. Ele trabalhava para reunir operários e camponeses a fim de superar as dissensões sociais que pesavam sobre os combates de seu tempo.

Quarenta anos mais tarde, novas fragmentações dividem as populações entre elas. O neoliberalismo, tornando precário o mundo do trabalho e privatizando os espaços públicos, secou consideravelmente os focos de solidariedade. No seio das classes

15 *L'Ère nouvelle*. Paris: Bibliothèque ouvrière, 1871.

populares, construíram-se muros invisíveis do alto dos quais os preconceitos servem de guarda-fronteiras: entre desempregados e assalariados, precários e titulares, homens e mulheres, jovens e velhos, nacionais e imigrados...

Apesar de tudo, essas novas camadas do salariado aprenderam a resistir juntas à globalização capitalista. Nessa renovação das lutas internacionais destacam-se tantas experiências fundadoras que permitem crer na elaboração de um projeto de sociedade confiável. O socialismo e o comunismo, no século XIX, nasceram da dialética entre a reflexão – de Fourier, Marx, Engels, Bakunin e muitos outros – e as experiências de luta de organizações de oprimidos. A esperança veio de baixo. É de baixo que ela renascerá. Novos ciclos políticos se aproximam. Os revolucionários de hoje os abordam com uma parcela de dúvida legítima, mas também com convicções assumidas. O vermelho e o negro da bandeira de Guevara resistem melhor do que outras cores às perturbações atuais e ao ar do tempo. Para Che, o socialismo não era um projeto de sociedade "pronto para o uso"; o combate para derrubar o capitalismo devia ser sentido por todo indivíduo *per se* como uma urgência pessoal. Uma urgência atual, mais do que nunca.

CRONOLOGIA

14 de junho de 1928. Nascimento em Rosario da Fé, Argentina, de Ernesto Guevara Lynch de La Serna, filho de Celia de La Serna e Ernesto Guevara Lynch.

1935. Fortemente asmático, Ernesto não pode ter uma escolaridade normal. A mãe se encarrega de sua instrução. Rapidamente, apaixona-se pelos esportes.

1937. O pai de Ernesto funda um comitê de apoio à República espanhola.

1945-1951. Ernesto inscreve-se em medicina. Trabalha como enfermeiro num navio petroleiro, depois como prático num centro de higiene municipal. É a época do governo populista do general Juan Domingos Perón na Argentina.

Dezembro de 1951. Início da viagem de motocicleta com Alberto Granado: eles atravessam a Argentina, o Chile, o Peru, a Colômbia, e chegam à Venezuela em julho de 1952.

Novembro de 1952. De volta a Buenos Aires, Ernesto Guevara obtém o diploma de médico.

Julho de 1953. Parte para uma segunda viagem pela América Latina com o amigo Carlos Ferrer. Atravessa a Bolívia, onde o governo de Paz Estensoro realiza algumas reformas sociais. Guevara passa pelo Equador e chega à Guatemala, onde o governo democrático do coronel Arbenz tenta resistir às grandes companhias norte-americanas. Ele encontra aí Hilda Gadea, exilada peruana, que será sua primeira mulher. Entra em relação com um grupo de refugiados cubanos que acabam de chegar à Guatemala, após o fracasso do assalto ao quartel de Moncada. Ele escreve à mãe: "Na Guatemala, poderia ficar riquíssimo dedicando-me à alergologia. Mas seria trair da maneira mais horrível estes dois 'eus' que carrego, meu 'eu' socialista e meu 'eu' viajante". Deixa a Guatemala depois da derrubada, sem resistência, do governo Arbenz por mercenários a serviço da CIA dirigidos por Castillo Armas.

Setembro de 1954. Instalado no México, Guevara encontra trabalho em vários hospitais.

Julho-agosto de 1955. É apresentado a Fidel Castro. Após uma noite de conversa intensa, este o recruta como médico da expedição revolucionária que prepara contra a ditadura cubana de Batista.

Março de 1956. Nascimento da filha Hildita.

Junho de 1956. Participa do treinamento militar dos militantes cubanos, dirigidos pelo general Alvarez Bayo, ex-oficial do Exército Republicano espanhol, exilado no México. Fica preso por mais de um mês com seus amigos exilados cubanos. Estes lhe dão o apelido de "Che", expressão intraduzível, freqüentemente usada na conversa pelos argentinos.

Novembro de 1956. O navio *Granma* vai do México a Cuba. Seus 82 passageiros têm o objetivo de derrubar o regime de Batista e organizar a revolução na ilha. Desembarcam em 2 de dezembro, já identificados pelo inimigo. Em 21 de dezembro, o grupo de guerrilha forma-se de novo na montanha. Em 17 de janeiro, assalto a um quartel e primeira vitória.

Maio-junho de 1957. O grupo se reforça e encontra armas. Che Guevara opera na Sierra Maestra, no norte da ilha, com sua "quarta coluna". Batista lança uma operação maciça contra ela.

Agosto de 1958. A "coluna" de Che conta com 148 homens. Com a finalidade de cortar a ilha em duas, ela realiza marcha de 46 dias.

30 de dezembro de 1958. O comandante Che Guevara ganha a batalha decisiva de Santa Clara. É atingido no braço esquerdo. Greve geral em Cuba. Batista foge.

2 de janeiro de 1959. Che e Camilo Cienfuegos entram em Havana, Castro em Santiago de Cuba.

2 de junho de 1959. Casa-se com Aleida March, uma companheira de guerrilha. Parte em missão diplomática nos países africanos e asiáticos para estabilizar as relações econômicas de Cuba com esses países. Na volta, é nomeado responsável pela industrialização do Instituto Nacional da Reforma Agrária, depois presidente do Banco Nacional.

Outubro de 1960. Viaja à URSS, Tchecoslováquia, República Democrática Alemã, China e Coréia do Norte.

Fevereiro de 1961. Ministro da Indústria, Che escreve: "Se o comunismo não devesse conduzir à criação de um homem novo, ele não teria nenhum sentido".

Abril de 1961. Desembarque em Playa Gíron, baía dos Porcos, de 1.500 contra-revolucionários apoiados pelos Estados Unidos, rapidamente vencidos e capturados.

Agosto de 1961. Che pronuncia um discurso antiimperialista em Punta del Este (Uruguai), durante uma conferência dos governos latino-americanos.

Outubro de 1962. Crise dos mísseis (estacionados pelos soviéticos em Cuba) entre os Estados Unidos e a URSS. Che Guevara é encarregado de organizar a defesa do *front* ocidental em caso de invasão norte-americana.

Julho de 1963. Che visita a Argélia de Ben Bella.

1963-1964. Lança um grande debate sobre o modelo econômico cubano, sobre a lei do valor e sobre o planejamento, do qual participam economistas cubanos, assim como Charles Bettelheim, economista francês que aconselha então os governos de vários países recém-descolonizados, que se opõe às teses de Che, e Ernest Mandel, economista marxista belga, dirigente do Secretariado Unificado da IV Internacional (trotskista), que as apóia.

Março-abril de 1964. Dirige a delegação cubana na Conferência das Nações Unidas para o Comércio e o Desenvolvimento em Genebra.

9 de dezembro de 1964. Discurso pela libertação da América Latina na Assembléia das Nações Unidas, em Nova York.

Janeiro-março de 1965. Viaja pela África; visita Mali, Congo-Brazzaville, Gana, Tanzânia.

Fevereiro de 1965. Discurso de Argel, no âmbito do fórum econômico de solidariedade afro-asiático, no qual formula uma crítica acerba da cumplicidade dos países "socialistas" com o sistema do comércio mundial, que pratica também a troca desigual.

Março de 1965. Volta a Cuba. Última aparição pública de Guevara em companhia dos dirigentes cubanos. Partida para a África, onde participa dos combates das forças de Patrice Lumumba contra o regime neocolonial vigente no Congo. Fracasso de sua tentativa. Publicação da brochura *O socialismo e o homem em Cuba*.

3 de outubro de 1965. Castro lê publicamente a mensagem de adeus de Che: "Outras terras do mundo pedem a contribuição de meus modestos esforços".

1966. Estada na Tanzânia, depois em Praga. Redige um certo número de cadernos, dentre os quais as *Notas críticas sobre o Manual de Economia Política* da Academia de Ciências da URSS.

3 de novembro de 1966. Che parte para a Bolívia para conduzir a guerrilha revolucionária.

6 de novembro de 1966. Reúne-se à base da guerrilha boliviana em Ñancahuazú.

Abril de 1967. Publicação de sua *Mensagem à Conferência tricontinental*, que ocorre então em Havana.

Junho-outubro de 1967. A ditadura militar boliviana, apoiada pelos Estados Unidos, emprega contra Che e seu pequeno grupo de guerrilheiros importantes forças militares. Após algumas vitórias iniciais, as forças combatentes de Che, o ELN (Exército de Libertação Nacional), são pouco a pouco dizimadas.

8 de outubro de 1967. Último combate na Quebrada del Yuro. Ferido, com a arma quebrada, Che é feito prisioneiro, assim como vários de seus camaradas. Interrogado, não responde a nenhuma pergunta. É conduzido ao vilarejo de La Higuera e detido, bem vigiado, numa sala de escola.

9 de outubro de 1967. Por ordem do presidente boliviano Barrientos e da CIA, é executado com uma rajada de metralhadora.

BIBLIOGRAFIA

Obras de Ernesto "Che" Guevara (*seleção*)

VIAGEM DE MOTOCICLETA (1951-1952)

- *Voyage à motocyclette. Latinoamericana [Notas de viaje]*, Austral, 1994. Tradução do espanhol por Martine Thomas; prefácio de Ramón Chao. Reúne o "diário de viagem" de Ernesto Guevara e "Avec le Che en Amérique du Sud", de Alberto Granado.
- *Voyage à motocyclette. Latinoamericana*, Mille et une nuits, 1997; 2000-2004; 2007. Tradução do espanhol por Martine Thomas; prefácio de Ramón Chao. Apresenta o "diário de viagem" de Ernesto Guevara.

SEGUNDA VIAGEM ATRAVÉS DA AMÉRICA LATINA (1953-1956)

- *Second voyage à travers l'Amérique latine (1953-1956) [Otra Vez]*, Mille et une nuits, 1999-2002. Tradução do espanhol por Martine Thomas; homenagem de Alberto Granado. Contém uma seleção de cartas de Ernesto "Che" Guevara à família.

PASSAGENS DA GUERRA REVOLUCIONÁRIA (1956-1958)

- *Ernesto Che Guevara. Écrits I, Souvenirs de la guerre révolutionnaire*, F. Maspero, col. Cahiers libres, n.94-95, 1967.

- *La conquista de la esperanza – diarios inéditos de la guerrilla cubana: diciembre de 1956-febrero de 1957*, México: J. Mortíz, 1995. Textos publicados originalmente sob forma de suplementos em *Granma* em janeiro e fevereiro de 1979, edição de Pedro Alvarez Tabío, com Heinz Dieterich, Paco I. Taibo II.
- *Souvenirs de la guerre révolutionnaire cubaine [Pasajes de la guerra revolucionaria cubana]*, Mille et une nuits, 2007. Edição autorizada, integrando as correções de Che Guevara, estabelecida por Aleida March e o Centro de Estudios Che Guevara, Havana. Tradução do espanhol por Laurence Villaume.

A GUERRA DE GUERRILHA

- *La Guerra de guerrillas*, Havana: Departamento de Instrucción Del MINFAR, 1960.
- *La Guerre de guérilla [La guerra de guerrilla]*, F. Maspero, col. Cahiers libres, n. 31, 1962. Tradução do espanhol por Gérard Chaliand e Juliette Minces.
- *Textes militaires*, F. Maspero, 1968.
- *Textes militaires*, La Découverte, col. [Re]découverte. Documents et témoignages, 2001. Tradução do espanhol por Gérard Chaliand, Juliette Minces, Fanchita Gonzalez-Batlle, Robert e Magali Merle. Reprodução em fac-símile da edição das obras *La Guerre de guérilla* e *Écrits militaires*, e *Souvenirs de la guerre révolutionnaire*, das edições F. Maspero, 1962 e 1968.
- *La Guerra de guerrillas*, Ocean Press, 2006. Edição autorizada, integrando as correções de Che Guevara, estabelecida por Aleida March e o Centro de Estudios Che Guevara, Havana. Prefácio de Harry Villegas "Pombo".
- *La Guerre de guérilla*, nova edição e tradução, a sair pelas edições Mille et une nuits, 2008-2009.

DISCURSO DE PUNTA DEL ESTE (1961)

- *Punta del Este. Proyecto alternativo de desarrollo para América Latina (1961)*, Ocean Press, 2006. Coletânea: duas comunicações no âmbito da primeira conferência em 1961 da Organização dos Estados Americanos em Punta del Este (Uruguai), contra a carta de Kennedy "Aliança para o Progresso" e uma sinopse audiovisual (1961). Edição estabelecida por María del Carmen Ariet García e Javier Salado, integrando as correções de Che Guevara, estabelecida por Aleida March e o Centro de Estudios Che Guevara, Havana. Prefácio de Harry Villegas "Pombo".

DEBATE SOBRE O MODELO ECONÔMICO CUBANO (1963-1964)

- *El Debate cubano, sobre el funcionamiento de la ley del valor en el socialismo*, Barcelona, Laia, Col. Papel 451, n.31, 1974. Com textos de Charles Bettelheim, Ernest Mandel, Marcelo Fernández Font, Alberto Mora; prefácio de José María Vidal-Villa. Coletânea de artigos e textos de conferências, 1961-1965.
- *Écrits d'un révolutionnaire*, Montreuil-sous-Bois: La Brèche-PEC, 1987. Edição estabelecida por Michael Löwy; com textos de Charles Bettelheim e Ernest Mandel.

O DISCURSO DE ARGEL (1965)

- Discours d'Alger, *Justice globale*, Mille et une nuits, 2007. Coletânea composta do "Discours d'Alger", do texto *Le Socialisme et l'Homme à Cuba*, e de "Créer deux, trois, une multitude de Vietnam, telle est la consigne" (mensagem à Tricontinental). Tradução do espanhol por Eduardo Carrasco.

O SOCIALISMO E O HOMEM EM CUBA (1965)

- *Le Socialisme et l'Homme à Cuba*, F. Maspero, Col. Cahiers libres, n.81, 1966. Traduzido pelo Setor letras da União dos estudantes comunistas franceses; contém a "Carta de demissão" e o "Discurso de Argel".
- *Ernesto Che Guevara. L'Homme et le socialisme à Cuba*, Éditions Cujas, Col. Hommes et idées du tiers-monde, n.1, 1966.
- *Ernesto "Che" Guevara. Le Socialisme et l'Homme*, F. Maspero, Col. Petite collection Maspero, n.19, 1967. Introdução por Fidel Castro. Coletânea de discursos e de textos tirados de diversas publicações.
- *Le Socialisme et l'Homme*, La Découverte, Col. Cahiers libres, 1987.
- Le Socialisme et l'Homme, *Justice globale*, Mille et une nuits, 2007. Edição estabelecida por Aleida March e o Centro de Estudios Che Guevara, Havana. Prefácio de María del Carmen Ariet García; tradução de Eduardo Carrasco.

TEXTOS POLÍTICOS

- *Textes politiques*. F. Maspero, 1968.
- *Textes politiques*. La Découverte, Col. [Re]découverte. Documents et témoignages, 2001. Tradução do espanhol por Fanchita Gonzalez-Batlle. Reprodução em fac-símile da edição da obra de mesmo título das edições F. Maspero, 1968.

DIÁRIO DO CONGO (1965)

- *L'année où nous n'étions nulle part: extraits du journal d'Ernesto Che Guevara en Afrique [El año en que estuvimos en ninguna parte]*, Métailié, 1995. Edição estabelecida por Paco Ignacio Taibo II, Froilán Escobar, Félix Guerra; tradução do espanhol por Mara Hernández e René Solis.
- *Passages de la guerre révolutionnaire: le Congo [Pasajes de la guerra revolucionaria: Congo]*, Métailié, Col. Bibliothèque hispano-américaine, 2000. Tradução do espanhol por René Solis; prólogo de Aleida March.

NOTAS CRÍTICAS SOBRE O MANUAL DE ECONOMIA POLÍTICA (1966)

- *Apuntes críticos a la Economía Política* (1962-1965), Ocean Press, 2006. Seleção de transcrições das discussões periódicas de Guevara no ministério da Indústria (1963-1965) e seleta de notas (algumas inéditas), *Notes critiques sur le Manuel d'économie politique* chamadas "Caderno de Praga", redigido em 1966. Edição estabelecida por María del Carmen Ariet García, Aleida March e o Centro de Estudios Che Guevara, Havana.
- *Notes critiques...*, a sair pelas edições Mille et une nuits, 2008-2009.

DIÁRIO DA BOLÍVIA (1966-1967)

- *El diario del Che en Bolivia*, La Habana: Instituto del Libro, 1968.
- *Journal de Bolivie*, 7 novembre 1966-7 octobre 1967 *[Diario de Bolivia]*, F. Maspero, col. Cahiers libres, n.122-123, 1968. Introdução de Fidel Castro; tradução do espanhol por France Binard e Fanchita Gonzalez-Batlle. Nova edição completada, La Découverte, 1995; prefácio de François Maspero.
- *El diario del Che en Bolivia (1967)*, Ocean Press, 2006. Edição autorizada, retomando a edição feita em 1968 pelo Instituto del Libro de Cuba, acrescida das páginas subtraídas pelas autoridades bolivianas.
- *Journal de Bolivie*, novas edição e tradução, a sair pelas edições Mille et une nuits, 2008.

MENSAGEM À TRICONTINENTAL (1967)

- *E. "Che"Guevara. Créer deux, trois, de nombreux Vietnam, voilà le mot d'ordre*. F. Maspero, 1967. Edição estabelecida pelo Partido unido de la revolución socialista de Cuba, Comitê central (Havana).

Contém a "Declaração do Comitê central do Partido Comunista Cubano (17 de maio de 1967)", "Frente à nova ameaça de agressão imperialista".

- "Créer deux, trois, une multitude de Vietnam, telle est la consigne", Mensagem à Tricontinental, *Justice globale*.

ESCRITOS (1956-1967)

- *Ernesto Che Guevara. Écrits I, Souvenirs de la guerre révolutionnaire*, F. Maspero, col. Cahiers libres, n.94-95, 1967. Tradução do espanhol por Robert e Magali Merle; prefácio de Robert Merle.
- *Ernesto Che Guevara. Écrits II, Oeuvres révolutionnaires, 1959-1967*, F. Maspero, col. Cahiers libres, n.116-117, 1968. Tradução do espanhol por Robert e Magali Merle; prefácio de Robert Merle; introdução de Roberto Fernandez Retamar.

OBRAS

- *Obras 1957-1967...*, La Habana: Casa de las Américas, col. Nuestra América, 2 vs., 1970. V. 1, *La Acción armada*; v.2, *La Transformación política, econômica y social.*
- *Obras 1957-1967...*, F. Maspero, 2 vs., 1970. V. 1, *La acción armada*; v.2, *La Transformación política, econômica y social.* Edição estabelecida pela Casa de las Américas (em espanhol); documentos latinoaméricanos; precedido de *El Discurso pronunciado por el comandante Fidel Castro Ruz en la velada solemne en memoria del comandante Ernesto Che Guevara, 18 octobre 1967.*

Obras em seis volumes pelas edições Maspero

- *Ernesto Che Guevara. Oeuvres I, Textes militaires*, F. Maspero, Col. Petite collection Maspero, n.34, 1968. Tradução do espanhol e introdução por Roberto Fernandez Retamar. Contém "La Guerre de guérilla", "Qu'est-ce qu'un guérillero?", "Le Rôle social de l'armée rebelle", "La Guerre de guérilla, une méthode".
- *Ernesto Che Guevara. Oeuvres II, Souvenirs de La guerre révolutionnaire*, F. Maspero, Col. Petite collection Maspero, n.35, 1968. Tradução do espanhol e introdução por Roberto Fernandez Retamar. Menção na capa: "Dois anos de combate na Sierra, como imediato de Fidel Castro, do desembarque do *Granma*, em 2 de dezembro de 1956, à tomada de Havana, em 1º de janeiro de 1959 – O comandante Che

Guevara reuniu num livro o relato da luta insurrecional começada por um punhado de homens e terminada por todo um povo".

- *Ernesto Che Guevara. Oeuvres III, Textes politiques*, F. Maspero, Col. Petite collection Maspero, n.36, 1971. Tradução do espanhol por Fanchita Gonzalez-Batlle. Menção na capa: "Este volume contém notadamente: Após o triunfo da revolução: Cuba, caso excepcional ou vanguarda? – Sobre a construção do socialismo: O que é um jovem comunista? – O quadro na revolução – Contra o burocratismo – Sobre o partido marxista-leninista – Sobre a ideologia da Revolução cubana – Sobre o conceito de valor – Sobre o internacionalismo: Criar dois, três, inúmeros Vietnãs – O socialismo e o homem em Cuba – Cartas".
- *Ernesto Che Guevara. Oeuvres IV, Journal de Bolivie*, F. Maspero, Col. Petite collection Maspero, n.37, 1971. Menção na capa: "O caderno de notas que o Comandante Che Guevara carregava no dia de sua morte em Valle Grande, em 8 de outubro de 1967 – precedido por uma "introdução necessária" por Fidel Castro – Documentos inéditos complementares em anexo".
- *Ernesto Che Guevara. Oeuvres V, Textes inédits...*, F. Maspero, Col. Petite collection Maspero, n.101, 1972. Tradução por France Binard. Contém "Textes militaires", "Vers la construction du socialisme".
- *Ernesto Che Guevara. Oeuvres VI, Textes inédits...*, F. Maspero, Col. Petite collection Maspero, n.102, 1972. Tradução por France Binard. Contém "Vers la construction du socialisme (suite)", "Dimension internationale de la révolution", "Interviews".

Obras consagradas a Ernesto "Che" Guevara (*seleção*)

ABRASSART, Loïc. *Che Guevara. Itinéraires d'un révolutionnaire*. Toulouse: Milan, col. Les Essentiels Milan, 2007.

ANDERSON, John Lee. *Che Guevara. A Revolutionary Life*. New York: Grove Press, 1997.

ARIET GARCÍA, María del Carmen. *El pensamiento político de Ernesto Che Guevara*. La Habana: Ocean Press, 2007.

BENASAYAG, Miguel. *Che Guevara: du mythe à l'homme: aller-retour*. Paris: Bayard, 2003.

BORREGO, Orlando. *El camino del fuego*. La Habana: Imagen Contemporânea, 2001.

CASTAÑEDA, Jorge. *Compañero. Vie et mort du Che Guevara.* Paris: Grasset, 1998.

Che Guevara. Quaderni della Fondazione Ernesto Che Guevara. Bolsena: Erre emme editore. 5 vols. desde 1998.

CORMIER, Jean. *Che Guevara.* Com a colaboração de Alberto Granado e de Hilda Gadea. Paris: Le Rocher, 1995.

CORMIER, Jean. *Che Guevara. Compagnon de la révolution.* Paris: Gallimard, 1996. Col. Découvertes.

CUPULL, Adys; GONZALEZ, Froilan. *La CIA contra el Che.* La Habana: Editora Politica, 1992.

DEBRAY, Régis. *La Guérilla du Che.* Paris: Éditions du Seuil, 1974.

FLAVIO, Koutzii; CORRÊA LEITE, José. *Che vinte anos depois. Ensaios e testemunhos.* São Paulo: Busca Vida, 1987.

GADEA, Hilda. *Che Guevara, años decisivos.* México: Aguilar, 1972.

GAMBINI, Hugo. *El Che Guevara.* Buenos Aires: Ed. Paidos, 1968.

GAVI, Philippe. *Che Guevara.* Paris: Éditions universitaires, 1970.

KALFON, Pierre. *Che.* Paris: Éditions du Seuil, 1997. Col. Points.

KAROL, K. S. *Les Guerrileros au pouvoir.* Paris: Laffont, 1970.

KOHAN, Nestor. *Ernesto Che Guevara. Otro mondo es possible.* Buenos Aires: Nuestra America, 2003.

KOROL, Claudia. *El Che y los Argentinos.* Buenos Aires: Dialectica, 1988.

LÖWY, Michael. *La Pensée de Che Guevara.* Paris: Maspero, 1970. Éditions Syllepse, 1997, com um prefácio de Janette Habel.

MARTÍNEZ, Fernando. *Che, el socialismo y el comunismo.* La Habana: Ediciones Casa de las Americas, 1989.

____________. *Pensa el Che.* La Habana: Centro de Estudios sobre America, E. José Martí, 1989.

MASSARI, Roberto. *Che Guevara, pensiero e política dell'utopia* [1987]. 5.ed· Roma: Erre emme edizioni, 1994.

MASSARI, Roberto; MARTINEZ, Fernando y otros *Guevara para hoy.* La Habana: Centro de Estudios sobre America, 1994.

MOSCATO, Antonio. *Il Che inedito. Il Guevara sconosciuto, anche a Cuba.* Roma: Edizioni Alegre, 2006.

PIERRE-CHARLES, Philippe. *L'Héritage du Che. Un point de vue antillais.* Éditions Travées, 1997.

TABLADA, Carlos. *El pensamiento economico de Ernesto Che Guevara (1987).* 30. ed. Panamá: Ruth Casa Editorial, 2005.

TAIBO II, Paco Ignácio. *Ernesto Guevara, connu aussi comme Le Che.* Paris: A.-M. Métailié/Payot, 1997.

SINCLAIR, Andrew. *Che Guevara.* New York: Viking Press, 1970; Paris: Seghers, 1970.

VIDELIER, Philippe. *L'Étoile de Che Guevara.* Vénissieux: Éditions Parole d'aube, 1997. Col. Inventaire. Texto seguido por "Poèmes et autres chroniques", extraídos de *Verde olivo* (1959-1960), por Ernesto Che Guevara. Trad. do espanhol por Olga Barry e Pierine Piras.

VITALE, Luis. *Che, una passion latinoamericana.* Buenos Aires: Ediciones Al Frente, 1987.

Outras obras citadas

BETTELHEIM, Charles; SWEEZY, Paul M. *Lettres sur quelques problèmes actuels du socialisme.* Paris: F. Maspero, 1972.

BENSAÏD, Daniel. *Les Irréductibles. Théorèmes de la résistance à l'air du temps.* Paris: Textuel, 2001.

BLANQUI, Auguste. *Auguste Blanqui. Textes choisis.* Èditions sociales, 1971.

BORGES, Jorge Luis. *Histoire universelle de l'infamie.* Paris: C. Bourgois, 1985.

CASTAÑEDA, Jorge. *L'Utopie désarmée.* Paris: Grasset, 1996.

DERRIDA, Jacques. *Spectres de Marx.* Galilée, 1993.

FANON, Frantz. *Les damnés de la terre.* F. Maspero. Col. Cahiers libres, n.27-28, 1961. Prefácio de Jean-Paul Sartre "Frantz Fanon, fils de la violence!"; col. Petite collection Maspero, n.20, 1968.

LENIN. *Oeuvres.* Edições de Moscou.

LÖWY, Michael. *Le Marxisme en Amérique Latine, de 1909 à nos jours.* F. Maspero, 1980.

MARIÁTEGUI, José Carlos. *Ideologia y politica.* Lima: Biblioteca Amauta, 1971.

MARX, Karl. *Écrits de jeunesse.* Éditions Spartacus, 1977.

__________. *Manuscrits de 1844. Économie politique et philosophique.* Éditions sociales, 1962 (1990); Flammarion, col. GF, 1996.

__________. *Le capital.* Flammarion, col.Champs, 1985-1993.

__________. *Thèses sur Feuerbach*, in *L'Idéologie allemande*, Éditions sociales, v.1, 1974.

MICHEL, Louise. *Mémoires*. F. Maspero, 1976. Col. Petite collection Maspero, n.222, 1979.

MILLS, C. Wright. *The Marxism*. New York: Dell Publishing Company, 1962.

MORALES AIMA, Evo. *Pour en finir avec l'État colonial*. L'Esprit frappeur, 2006.

STALIN, Josef. *Les problèmes économiques du socialisme en URSS*. Éditions Norman Béthune, 1952.

TROTSKI, Leon. *La révolution permanente*. Paris: Gallimard, 1963.

__________. *L'Histoire de la Révolution russe*. Paris: Éditions du Seuil, 1962.

CHE, UM PENSADOR DE ATOS OU A TRAGÉDIA DE UM FILHO DO SÉCULO

Daniel Bensaïd[1]

Vocês quiseram dedicar a noite de hoje a uma homenagem ao militante revolucionário que foi Che Guevara, na véspera do trigésimo aniversário de sua morte, no momento em que sai uma série de livros e de filmes que relançam o debate sobre sua personalidade e seu papel na história dos oprimidos.

Para uns, ele é a própria imagem do fanático impelido pelo desespero, lançado numa fuga suicida para diante, à procura da própria morte, o qual teria infelizmente arrastado na sua aventura pessoal homens e mulheres ingênuos ou cegos.

Para outros, ele é uma imagem religiosa imaculada, a encarnação de uma perfeição crística, podendo até levar à edificação de um mausoléu para acolher seus restos reencontrados e celebrar um culto absolutamente contrário à sua própria visão do mundo e dos homens.

A nós, que não temos deus nem senhor, nem ídolos, o que nos interessa na figura do Che, em sua passagem meteórica pela história contemporânea, é, ao contrário, o caráter simplesmente

1 Intervenção por ocasião de um encontro sobre o Che, em julho de 1997, num acampamento internacional de juventude.

humano do militante, com suas forças e fraquezas, cuja vida e atos resumem as grandes esperanças e as grandes desilusões deste século que termina.

Partirei do interesse que este personagem continua a suscitar, diferentemente de tantos outros que foram célebres, em gerações que não conheceram diretamente o combate dele. A vida do Che é uma espécie de concentrado, de resumo acelerado da experiência revolucionária do século. Com ele, em torno dele, tudo vai muito depressa. Nascido em 1928, morre em 1967, aos 39 anos. Sua vida política ativa dura, portanto, menos de quinze anos. Ela é mais do que cheia: em 1954, participação na resistência guatemalteca contra a intervenção imperialista; de 1956 a 1959, guerrilha cubana, do desembarque do *Granma* à entrada vitoriosa em Havana; de 1959 a 1965, exercício de responsabilidades governamentais e missões diplomáticas; em 1966, participação na luta no Congo; em 1967, luta e morte na Bolívia... Quinze anos extraordinariamente ativos: a exemplo de um Saint-Just, Che viveu como quem tem pressa, mais intensamente do que muitos, que tiveram porém vidas mais longas.

Não é só essa brevidade que impressiona, mas o percurso acelerado de sua experiência no século. Primeiro, durante a viagem iniciática de motocicleta através da América Latina, é o aprendizado da realidade, da dominação imperialista sobre o continente, da miséria, da pobreza, da dependência cultural que daí resultam. Ele adquire uma profunda convicção rebelde, antiimperialista, primeira mola propulsora de seu engajamento.

Em seguida, mediante a experiência da Revolução Cubana, ele constata que uma luta antiditatorial, de libertação nacional, a dois passos da potência imperialista, não poderia atingir seus objetivos se ficasse entravada por acordos com burguesias nacionais corrompidas, dependentes, frágeis. Ele concluiu daí que a única solução para uma independência real reside na luta pelo socialismo. Daí sua célebre fórmula: "Ou revolução socialista, ou caricatura de revolução", que encontra, por um caminho próprio, os termos e o conteúdo da oposição entre "socialismo num só país" e revolução permanente. Se alguns de nossa geração, que já sabiam muito, reconheceram em Che um semelhante e um irmão de armas, muitos também redescobriram o trotskismo a partir do guevarismo.

Enfim, sua terceira grande experiência, como ministro do governo revolucionário, foi a das relações conflituosas com os "países irmãos" do "campo socialista". Negociando o apoio, a cooperação econômica e militar, discutindo a política internacional com os dirigentes chineses e soviéticos, Che chegou a uma terrível conclusão que ele teve a coragem – é preciso imaginar a época e o contexto para medir sua audácia – de expressar publicamente num discurso que ficou célebre, pronunciado em Argel em 1965, após uma viagem à União Soviética e à China. É um desafio e um verdadeiro requisitório contra a ausência de internacionalismo na política dos Estados ditos socialistas. Ele os acusa primeiro de aplicar aos países mais pobres condições de troca comercial que são as do mercado mundial dominado pelo imperialismo. Acusa-os também, explicitamente, de não prestar ajuda incondicional, inclusive militar, às lutas de libertação do Congo e do Vietnã, em particular.

O discurso de Argel constitui um verdadeiro ato de acusação contra a falta de solidariedade internacional por parte desses países ditos socialistas. Logo, não é por acaso que, depois de seu retorno de Argel, Che nunca mais tenha aparecido publicamente em Cuba. Hoje, parece – segundo todos os documentos e testemunhos disponíveis – que os dirigentes soviéticos comunicaram claramente aos dirigentes cubanos que doravante ele se tornara indesejável, que não podia mais representar a revolução cubana a qualquer título que fosse, e que era necessário então eliminá-lo ou dar-lhe outro uso. É uma das razões – não a única, sem dúvida – que permitem compreender o que foram os últimos anos da vida do Che, sua presença no Congo em 1966 e a expedição boliviana no ano seguinte.

Este percurso apressado na tragédia do século nos leva a uma questão muito discutida nos dias de hoje, inclusive na esquerda revolucionária, na qual se apresenta às vezes a ação de Che como uma loucura romântica e suicida, talvez simpática, mas estranha à realidade. Para além de suas características psicológicas pessoais (todos temos nossa parte de sombra, nossos traumas de infância e pulsões bizarras), as escolhas e o comportamento do Che revelam uma consciência política particularmente aguda do que estava em jogo naquele momento, uma compreensão terrivelmente lúcida do que era a realidade da situação internacional, marcada pela parceria conflitante das grandes potências e pela prova histórica da escalada imperialista no Vietnã. Suas decisões são políticas. Elas traduzem um acordo perfeito, raro – inclusive entre os revolucionários – entre o pensamento e os atos. Pode-se dizer dele o que Dionys Mascolo escreveu sobre Saint-Just: que ele foi "um pensador de atos".

O que ele escreveu nos últimos textos, em particular na famosa mensagem de 1967 à Tricontinental, da qual muitos de vocês puderam ao menos ler extratos, são coisas simples, quase banais. Mas, para muita gente que se pretendia revolucionária, que se considerava depositária da herança revolucionária sem agir em conseqüência disso, essas palavras ressoavam como um desafio implacável. Vocês conhecem estas pequenas frases.

"O dever de todo revolucionário é fazer a revolução." Evidentemente. Claro. Mas é uma forma de denunciar, no contexto, todos os pretensos revolucionários que não só não procuram fazer a revolução, que auferem benefícios que consideram irreversíveis, mas que torpedeiam os esforços dos povos para se libertarem.

"Revolução socialista, ou caricatura de revolução": não se constrói uma sociedade e uma humanidade novas com os mesmos costumes, os mesmos hábitos, as mesmas relações de poder, a mesma concepção de trabalho que no mundo antigo. É preciso perturbar profundamente as relações sociais em todos os aspectos, inclusive os da vida cotidiana, as relações pessoais, as relações entre gêneros. Num texto que foi muito importante para nós, *O socialismo e o homem em Cuba*, Che critica a literatura e a filosofia oficiais dos países ditos socialistas, e conclama à renovação do pensamento, à saída dos dogmas, à ruptura com a cultura enfadonha das ortodoxias de Estado e de partido.

O peso do edifício burocrático era tamanho que, para movê-lo, era preciso tanta energia, tanto esforço, que a ruptura não era sem riscos. Alguns censuraram ao Che seu voluntarismo – ou seja, uma vontade excessiva que se descola da realidade – ou seu esquerdismo. Infelizmente, ele mesmo estava perfeitamente consciente, em seus últimos combates, das contradições da situação, de uma corrida contra o relógio, quase desesperada, com a barbárie. Na mensagem à Tricontinental, ele fala da "trágica solidão do povo vietnamita" ante a intervenção norte-americana. Esta trágica solidão é também sua própria solidão na Bolívia. É a sua solidão.

É o resultado, diz ele, "de um momento ilógico da história da humanidade". Ilógico, porque, na hora em que os povos se levantam e sacodem o jugo da opressão, aqueles que deveriam estar a seu lado sem regatear apoio não comparecem, e até põem entraves.

Finalmente, a corrida patética do Che na Bolívia, da qual o filme de Dindo[2] dá conta de maneira pungente, e pode aparecer como uma tentativa insensata numa região desolada e quase deserta, demonstra uma implacável lógica num mundo ilógico. Che: um revolucionário por lógica! Proibido de voltar a Cuba depois do discurso de Argel, ele tentara no Congo abrir uma nova etapa da revolução africana após a independência e o assassinato de Patrice Lumumba em 1961. A derrota foi pungente. Apesar de tudo, ele permanecia profundamente convencido de que, se a Revolução Cubana permanecesse isolada no mundo, ao alcance da costa americana, ela estaria fadada a sofrer pouco a pouco as condições e as imposições dos países irmãos, cair sob sua autoridade burocrática. O imperativo, o dever revolucionário – quer vencesse quer não – era fazer tudo imediatamente para romper o círculo, para quebrar o cerco, portanto para estender a revolução começando pelo mais próximo, por esse continente que ele conhecia bem por tê-lo percorrido. O projeto era, sem dúvida, ambicioso demais, desmesurado, mas não lhe faltava sentido político. Não se tratava de tomar o poder na Bolívia, mas de reunir, de formar algumas centenas de combatentes de pelo menos cinco países para fazer da Bolívia o ponto de partida, o foco continental de uma subversão continental.

Ao lançar a palavra de ordem de "Criar dois, três, inúmeros Vietnãs", Che acrescentava que muitos morreriam, "vítimas de seus erros". Esses erros também ele cometeu, e não foram pequenos. E primeiro, o de subestimar a sabotagem de que ia ser vítima, por parte dos dirigentes soviéticos e dos dirigentes comunistas oficiais bolivianos. De acordo com seu companheiro de armas na Bolívia, o coronel Dariel Alarcon ("Benigno"), após seu encontro com o secretário-geral do partido, Mario Monje, ele reuniu em 1º de janeiro de 1967 o punhado de cubanos engajados a seu lado para lhes explicar que as condições não eram as previstas inicialmente, que seria muito duro, talvez desesperado, que eles

2 Richard Dindo, Ernesto Che Guevara, *Le Journal de Bolivie*, 1994.

podiam, por conseguinte, se sentir livres para se retirarem sem vergonha, o que nenhum deles fez. Acuado num impasse político e histórico, sua luta ainda podia ter um sentido, o de uma mensagem, de uma herança a transmitir, e que é nossa responsabilidade recolher, fazer viver e transmitir, por nossa vez.

Como toda figura humana, a do Che tem contrastes, limites, defeitos. Ninguém, ou quase, contesta certos traços marcantes de sua personalidade: uma justiça intransigente, um ódio igualitarista dos privilégios, uma coragem obstinada. Essas qualidades não existem sem dureza. Porque o combate até a morte contra um inimigo poderoso e sem escrúpulos não é um jantar de gala. Também porque, doente, ele impunha aos outros a dureza que impunha a si mesmo. Sempre se podem discutir as circunstâncias e os comportamentos.

No que se refere a nós, importa sobretudo notar, sem reduzir sua contribuição, os limites políticos de sua experiência. Che se formou nas circunstâncias muito particulares da revolução cubana, ela mesma curta: menos de três anos entre o desembarque do *Granma* e a entrada vitoriosa em Havana, entre as primeiras escaramuças de um punhado de náufragos sobreviventes e a vitória do exército rebelde. Freqüentemente, a lenda da revolução cubana, mantida por seus próprios atores, se atém a um relato mítico e a uma epopéia simplificada, deixando na sombra os antecedentes, a existência de um movimento social, agrário e urbano, o papel das redes, a pluralidade dos protagonistas, como se a revolução cubana se reduzisse à marcha triunfal de Fidel e seus apóstolos. Entretanto, os próprios atores se persuadiram da veracidade de sua própria lenda a ponto de conceder, sob a pressão da urgência, um valor desmesurado à ação exemplar, à audácia de vanguarda. Marchar na frente, mostrar o caminho, pagar com a vida permite ir ao combate, tomar posições inverossímeis, galvanizar as energias durante uma campanha. Mas o método tem seus limites quando se trata de construir a longo prazo, de transformar a economia, de revolucionar a cultura. É preciso para isso a inteligência e a energia coletivas da multidão organizada, a assimilação de uma cultura pluralista e democrática necessária à resolução das contradições. É preciso paciência e tenacidade.

Che era o tipo do homem com pressa. Correu o mundo com o sentimento, aliás bastante correto, de que as grandes catástrofes do século estavam sempre atrás dele. E, contudo, o devotamento individual, no trabalho como no combate, a frugalidade e o ascetismo pessoais em face dos privilégios não poderiam substituir instituições, regras, experiências coletivas, para as quais o estilo militar da guerrilha já não basta. Saint-Just também tivera essa intuição, quando, ao constatar que a revolução estava congelada, considerou, pouco antes de subir ao cadafalso, a necessidade de instituições republicanas.

Esta fraqueza é compreensível. A década de 1960 foi dominada, no movimento revolucionário latino-americano, pelo horizonte da guerra. A Guerra do Vietnã, claro, embutida no equilíbrio instável da guerra fria (ilustrada pela crise dos mísseis em Cuba). E a recentíssima guerra de independência argelina. Na guerra, a divisão entre aliados e inimigos suporta mal as nuanças. As relações de autoridade e de comando são inevitáveis, trazendo respostas simples e rápidas a questões complexas. Essa eficácia circunstancial tem seus limites. É a esses limites que se dirigiria hoje nossa crítica a Che sem diminuir de modo algum o que lhe devemos.

Insisti longamente sobre a importância de tal personagem para uma geração – a minha – que já conta com algumas décadas de militância. Importa agora voltar à atualidade da herança, se quisermos fazer dela algo de útil e de vivo, e não um triste objeto de culto e comemorações. É preciso compreender por que sua presença continua tão ativa, na América Latina e no mundo.

De um lado, porque, após outras grandes figuras revolucionárias latino-americanas, como o cubano Julio Antonio Mella ou o peruano José Carlos Mariátegui, Che deu o exemplo de um revolucionário não-stalinista, resolutamente internacionalista e antiburocrático. Desse ponto de vista, o movimento zapatista no México perpetua alguma coisa dessa tradição. Há algo do espírito do Che na inverossímil audácia do levante de 1º de janeiro de 1994, em San Cristobal de las Casas, no dia seguinte à desintegração da URSS, da Guerra do Golfo, em plena ofensiva liberal planetária, na hora do Tratado de Livre Troca com os Estados Unidos assinado pelo México (Nafta). Levantar nessas condições a bandeira da revolta é ir na contracorrente dos ventos da época, a contrapelo da fatalidade proclamada da História. É, porém, um ato de resistência e de desafio ao ar do tempo, bem à maneira do Che.

Se essa continuidade é importante, muitas outras experiências se acumularam nos últimos trinta anos na América Latina, as da Unidade Popular e da ditadura no Chile, dos golpes de Estado militares no Uruguai e Argentina, das guerrilhas colombianas, das lutas na América Central, do nascimento de um movimento sindical e de um partido operário de massa no Brasil. Tudo isso contribui para formar uma nova cultura política, mais democrática, mais pluralista, mais apegada à autonomia das organizações sociais, sindicais, agrárias. O desvio operado pela ironia zapatista, a apologia que Marcos faz de um "heroísmo de vida", testemunham à sua maneira estas evoluções: "Nós não queremos", escreve o subcomandante Marcos,

> que se herde de nós o culto da morte. Queremos deixar como herança o culto da luta. E, como se diz aqui, para lutar é preciso estar vivos; mortos, não podemos lutar. Verdadeiramente uma boa parte de nosso treino militar visava a não morrer: 'O primeiro dever de um combatente é não morrer', nós lhes dizíamos,

O que não os impediu de arriscar a vida e de continuar a arriscá-la.

A imagem de Che no mundo permanece antes de tudo a de um internacionalista em atos, opositor irredutível de um mundo entregue às pilhagens e às misérias da globalização imperial. Donde sua atualidade e sua irradiação. Neste mundo cínico e literalmente desmoralizado, ele prova que o acordo entre moral e política é possível, que a política não é necessariamente imoral nem a moral necessariamente apolítica, que se pode unir os dois extremos. Seu prestígio junto à juventude deve-se também ao fato de ele representar um caso talvez único de revolucionário que, tendo chegado ao poder, foi capaz de deixá-lo para pôr outra vez suas forças a serviço de uma luta que não se pode terminar num só país. Se Che lhes interessa e os atrai ainda hoje, é por todas essas razões, e também porque, desaparecido aos 39 anos, ainda jovem, sua imagem reúne indissociavelmente a juventude e a revolução.

Daniel Bensaïd
julho de 1997

SOBRE O LIVRO

Formato: 14 x 21 cm
Mancha: 23 x 42 paicas
Tipologia: Goudy Old Style 11/13
Papel: Pólen 80 g/m2 (miolo)
Cartão Supremo 250 g/m2 (capa)
1ª edição: 2009

EQUIPE DE REALIZAÇÃO

Edição de Texto
Nair Kayo e Isabel Baeta (Preparação de Original)
Alexandre Agnolon (Revisão)

Editoração Eletrônica
Eduardo Seiji Seki (Diagramação)

Impressão e Acabamento
FARBE DRUCK
gráfica e editora ltda.